An Seachdamh Tonn
The Seventh Wave

Sandaidh NicDhòmhnaill Jones

An Seachdamh Tonn
THE SEVENTH WAVE

CRUINNEACHADH BÀRDACHD AGUS ÒRAN
COLLECTED POEMS AND SONGS

Tabhartas

Do na bana-bhàird is bàird ri teachd; agus ur dìleab ri teachd.

Cha dhùin doras nach fhosgail doras eile:
Cha chrùint' bàrd ùr nach buidheach do bhàird cheana.

Bheir lùths gach Seachdaimh Tuinne
roid ùr is spreigeadh dhuinne
nar bìrlinn-bàrdachd chòir.
San t-slige phailt tha rùm gu leòr
son uimhir dhinne ceart cho mòr
's a thoilleas brìgh is beartas-stòr
ar dàn: ar treòir.

Cluinn ceilear fhathast ur binn-eòin, air sgèithe thar nan neòil;
's cha ghlac an t-eug ur spideagan - ur guth', ur dàin, ur ceòl.

Cuideachd: don Chomunn Ghàidhealach; do choimhearsnachd Uibhist; agus do Katy is John.

Dedication

To the poets of the future; and your future legacy.

No door closes that fails to open a new door:
No bard was crowned that owed no debt to bards before.

The strength of every Seventh Wave
drives our brave bardic galley on
with energy and verve.
There is ample room on board
for all of us who earned our berth
through rich and powerful poetry
and guiding power.

Still are thy pleasant voices, thy nightingales, awake;
For Death, he taketh all away, but them he cannot take.

Also: to An Comunn Gàidhealach; to the Uist community; and to Katy and John.

Riaghladair Carthannas na h-Alba
Carthannas Clàraichte/Registered Charity SC047866

Air fhoillseachadh ann an 2021 le Acair, An Tosgan, Rathad Shìophoirt, Steòrnabhagh, Eilean Leòdhais HS1 2SD

www.acairbooks.com
info@acairbooks.com

Na còraichean uile glèidhte. Chan fhaodar pàirt sam bith dhen leabhar seo no dhen mheanbh-chlàr ath-riochdachadh ann an cruth no ann an dòigh sam bith grafaigeach, eleactronaigeach, meacanaigeach no lethbhreacach, teipeadh no clàradh, gun chead ro-làimh ann an sgrìobhadh bhon an Ughdar no Acair.

© na bàrdachd aig Sandaidh NicDhòmhnaill Jones, 2021
© na dealbhan aig Sandaidh NicDhòmhnaill Jones, 2021
© na fuinn Sandaidh NicDhòmhnaill Jones agus na Ceòladairean eile ainmichte sa cheòl-sgrìobhte

Deilbhte agus dèanta le Acair
Dealbhachadh an teacsa agus an còmhdach le Mairead Anna NicLeòid
An dealbh-còmhdaich le Sandaidh NicDhòmhnaill Jones

Chuidich Comhairle nan Leabhraichean am foillsichear le cosgaisean an leabhair seo.

Tha Acair a' faighinn taic bho Bhòrd na Gàidhlig.

Gheibhear clàr catalog CIP airson an leabhair seo ann an Leabharlann Bhreatainn.

Clò-bhuailte le Hobbs, Hampshire, Sasainn

LAGE/ISBN: 978-1-78907-096-5

Liosta dhàn sa chruinneachadh seo foillsichte mu thràth
Poems in this collection previously published:

Coimiseanan: 'Thig Charon a Shuirghe', Comhairle nan Leabhraichean, Cèitean 2020; 'Fàth', Leabharlann Bàrdachd na h-Alba, Iuchar 2020; 'Tàladh Uibhist', Ceòlas Uibhist agus Urras Leabhraichean na h-Alba, Samhain 2020.
Irisean Cuairtlitir A' Chomuinn Ghàidhealaich 2020: 'Cumha a' Chrùin Chiomaich', Faoilleach; 'An Nighean à Copacobana', Gearran; 'Cadal Dòchasach', Giblean; 'Ortha Crann nan Teud', Ògmhios.
Làrach-lìn an ùghdair: 'Luimnichean-Meek' agus 'Cruit-Cuimhneachaidh'.

Commissions: 'Charon Comes a-Courting', Gaelic Books Council, May 2020; 'Vision', Scottish Poetry Library, July 2020; 'Uist's Call', Ceòlas Uist and Scottish Book Trust, November 2020.
Issues of An Comunn Gàidhealach's Newsletter in 2020: 'Lament of the Captive Crown', January; 'The Girl from Copacobana', February; ' Hopeful Sleep', April; 'Incantation of the Harp-Strings Tree', June.
The author's website: 'Donald's Limericks' and 'Harp of Commemoration'.

Molaidhean – *Commendations*

Meg Bateman
Tha an cruinneachadh ùr agad coltach ri gàrradh de fhlùraichean ... tha gach flùr beagan diofraichte.
Tha do bhàrdachd cho ceòlmhor.

Ailean Caimbeul: (às an Fhacal-toisich)
Tha a' bhàrdachd aig Sandaidh fo ainm An t-Seachdamh Tonn mar a mhac-samhail, cumhachdach agus brèagha, agus tha a teachdaireachd cudromach agus brosnachail dha gach bana-bhàrd, agus dhan Chomunn Ghàidhealach mar bhuidheann lìbhrigidh duais Crùn a' Bhàird.

Máire Nì Annracháin: (às an Ro-ràdh)
A' chiad uair a chuala mi Sandaidh NicDhòmhnaill Jones a' leughadh an dàin aice 'Na Fir-Chlis' aig tachartas ann am Baile Àtha Cliath, bha sinne – an luchd-èisteachd - air ar beò-ghlacadh leis. An ruitheam. An lùths. Bòidhchead nam fuaimean. An traidisean, ag èigheachd na làn amhach.... Bidh guth a' bhana-bhàird a' seirm tro na h-òrain gu soilleir, agus tric gu brosnachail.

Máire Nì Annracháin: (Brath-naidheachd Coimisean Chaluim Cille)
Sandaidh NicDhòmhnaill Jones is one of the most exciting poets writing in Scottish Gaelic today. She is also a singer, a songwriter and a harpist, whose live performances of her work have entranced audiences. With the publication of her debut collection, 'Crotal Ruadh – Red Lichen' (2016), she was recognised as a poet with a strong female voice, immersed in the Gaelic tradition and drawing deeply from a common European classical heritage, but addressing all the while important contemporary issues. She was awarded the much-coveted title of Gaelic Crowned Bard for the period 2019-2021 at the Royal National Mòd in Glasgow in 2019.

Myrddin ap Dafydd: (Britheamh airson farpais bàrdachd Nant Gwrtheyrn,
Lùnastal 2020 – mun dàn 'Diogladh nan Gobhar')
Expressing humour in a poem in a first language is tricky enough, but this is a marvellously funny and clever one, in a second or third language. A bilingual contribution from a skilled writer.

Leabharlann Bàrdachd na h-Alba/ Scottish Poetry Library:
(Ceitidh Campbell, mun dàn 'Fàth – Vision')

The refrain and references to history firmly place this work in the context of a new generation of women at the spearhead of revitalisation of the Gaelic Arts yet with an understated humility. The power that our own vision has to shape the past, present and future resonates throughout the piece.

Sandaidh NicDhòmhnaill Jones
Geàrr-chunntas beatha an ùghdair

Chaidh Sandaidh NicDhòmhnaill Jones ainmeachadh mar Bhàrd a' Chomuinn Ghàidhealaich aig Mòd Nàiseanta Rìoghail Ghlaschu san Dàmhair 2019, agus bha i san dreuchd rè dà bhliadhna 2019-2021. Chaidh a ciad chruinneachadh bàrdachd agus òran aice 'Crotal Ruadh – Red Lichen' fhoillseachadh le Acair ann an 2016, agus choisinn an leabhar an dàrna duais, an dearbh bhliadhna, ann an Duais Dhòmhnaill Meek. Choisinn i Duais Bàrdachd Gàidhlig Bhaile na h-Ùige ann an 2013; Duais Bàrdachd Gàidhlig/ Gaeilge 'Choirnéil Uí Néill' ann an 2014; agus Duais Sgrìobhadair Ùr bho Chomhairle nan Leabhraichean ann an 2011.

Choisinn Sandaidh Bonn Òr Tìm an Òbain aig Mòd 2017, agus tha i air grunn cho-fharpaisean eile a chosnadh airson seinn, clàrsach, ceòl is òrain ùra, agus co-sheirmean. Tha teisteanasan ciùil aice bho Oilthigh Lunnainn agus Oilthigh na Gàidhealtachd 's nan Eilean, agus bidh i a' cluich na clàrsaich (Albannaich agus consairt). Tha i na ball de Bhòrd Sabhal Mòr Ostaig, agus bha i na ball de Bhòrd na Gàidhlig na bu thràithe.

Na dreuchd roimhe, bha Sandaidh na comhairliche riaghlaidh, agus na h-àrd-oifigear anns na Dùthchannan Aonaichte agus a' Cho-fhlaitheas; buidhnean carthannais leasachaidh eadar-nàiseanta; agus buidhnean cànain. Tha i ag obair air a ceann fhèin mar neach-oide cànain do luchd-ciùil proifeasanta, nam measg na BBC Singers. 'S e FCIL (Fellow of the Chartered Institute of Linguists) a th' innte, le teisteanas mar eadar-theangachaiche bàrdachd. Bidh i cuideachd a' bruidhinn na Fraingis, Gearmailtis, Spàinntis agus Cuimris. Cheumnaich i le ceum Maighstir aig Oilthighean Oxford, Harvard agus Lunnainn, ann an cànanan, rianachd phoblach agus dàimhean eadar-nàiseanta.

Sandy NicDhòmhnaill Jones
Profile of the Author

Sandy NicDhòmhnaill Jones was appointed Gaelic Crowned Bard at the Royal National Mòd in Glasgow in October 2019, and held the post for two years 2019-2021. Her first collection of Gaelic poetry and songs 'Crotal Ruadh – Red Lichen' was published by Acair in 2016, and won second prize that year in the Donald Meek Award. She previously won the Wigtown Gaelic Poetry Prize in 2013; the Irish/Scots Gaelic Poetry Prize 'Choirnéil Uí Néill' in 2014; and a New Writer's award of the Gaelic Books Council in 2011.

Sandy was awarded the Oban Times Gold Medal at the 2017 Mòd, and has won numerous competitions for singing, clàrsach, composing and arranging. She holds music qualifications from the Universities of London and the Highlands and Islands, and plays clàrsach and concert harp. She is a Board member of the Gaelic College Sabhal Mòr Ostaig and a former Board member of Bòrd na Gàidhlig.

In her earlier career, Sandy has been a governance adviser and senior executive at the United Nations and the Commonwealth, development charities and language bodies. She freelances as a language coach for professional musicians including the BBC Singers. She is a Fellow of the Chartered Institute of Linguists, accredited in poetry translation. She also speaks French, German, Spanish and Welsh. She holds Master's degrees from Oxford, Harvard and London Universities, in languages, public administration and international relations.

Buidheachas

Bu mhiann leam mo thaing chridheil a thoirt do iomadach neach agus buidheann a thug taic agus misneachd dhomhsa agus a chuir an earbsa annam. Tha mi gu mòr nur comain uile.
Bu thoigh leam mo bhuidheachas sònraichte a nochdadh dhan fheadhainn a leanas; agus ma dhìochuimhnich mi neach sam bith, tha mi a' toirt leisgeul agus taing dhaibhsan cuideachd.

- An Comunn Gàidhealach – Seumas Greumach, Marina NicAoidh, am Bòrd is an sgioba: airson urram Crùn a' Bhaird a bhuileachadh orm, agus taic sheasmhach rè m' ùine san dreuchd
- Comhairle nan Leabhraichean – Alison Lang, Joe Sanders, John Storey, Màiri NicCumhais agus an sgioba: airson taic phragtaigeach is litreachail, agus maoin gus an leabhar seo a sgrìobhadh agus fhoillseachadh
- Acair – Agnes Rennie agus Bòrd is sgioba Acair: airson ur n-earbsa annam agus brosnachadh, gus an leabhar seo fhaighinn ann an clò
- Ailean Caimbeul: airson an Fhacal-toisich
- Máire Ní Annracháin: airson an Ro-ràdh agus creideamh annam
- Gillebrìde Mac 'IlleMhaoil: airson an leabhar a dhearbhadh, agus misneachd phrìseil
- Na co-cheòladairean agus co-obraichean ciùil agam, a sgrìobh fuinn àlainn air cuid de na dàin agam: Gillebrìde Mac 'IlleMhaoil, Frances M Lynch, Katy Lethbridge, Claire Christie agus Mìcheal Hill
- Ceòlas Uibhist – Mary Schmoller, Iain Dòmhnallach agus Frank McConnell: airson coimisean ùr, taic is co-obrachadh
- Scottish Book Trust – Rosemary Ward agus Philippa Cochrane: airson taic ri tachartas Seachdain Leabhraichean na h-Alba
- Leabharlann Bàrdachd na h-Alba: airson coimisean ùr

Acknowledgements

I should like to offer my sincere gratitude to numerous individuals and organisations who have supported and encouraged me and placed their trust in me. I owe you all a great debt. I should particularly like to acknowledge with thanks those listed below; and if I have omitted anyone, I offer them my apologies and thanks also.

- An Comunn Gàidhealach – James Graham, Marina Mackay, and the Bòrd and staff: for bestowing the honour of the Bardic Crown upon me, and unfailing support during my time in post
- The Gaelic Books Council – Alison Lang, Joe Sanders, John Storey and Màiri MacCuish: for practical and literary support, and for grant support towards the writing and publication of this book
- Acair – Agnes Rennie and the Board and staff of Acair: for your faith in me and encouragement in seeing this book into print
- Alan Campbell: for the Introduction
- Máiri Ní Annracháin: for the Foreword, and believing in me
- Gillebrìde Mac 'IlleMhaoil: for copy-editing the book, and valuable encouragement
- My fellow-composers and musical collaborators, who wrote beautiful melodies for some of these poems: Gillebrìde Mac 'IlleMhaoil, Frances M Lynch, Katy Lethbridge, Claire Christie and Michael Hill
- Ceòlas Uist – Mary Schmoller, Iain Macdonald and Frank McConnell: for a new commission, support and collaboration
- Scottish Book Trust – Rosemary Ward and Philippa Cochrane: for supporting an event during Book Week Scotland
- The Scottish Poetry Library: for a new commission

- Bòrd na Gàidhlig agus Urras Brosnachadh na Gàidhlig: airson maoin litreachais
- Na co-bhàird a nochd aig fèisean agus tachartasan litreachais còmhla rium, agus an co-obrachadh taitneach: Meg Bateman, Eòghan Stiùbhart, Marion F NicIlleMhoire, Marcas Mac an Tuairneir
- John Thesiger: airson beachdan cruthachail air an tionndadh Beurla ann an ceithir dàin
- Càirdean agus co-obraichean eile ann an saoghal cànan agus ceòl na Gàidhlig, gu h-àraidh Cairistìona Nicleòid, Sabhal Mòr Ostaig, Comunn Gàidhlig Lunnainn agus Còisir Lunnainn
- Na nàbaidhean agus na càirdean agam ann am Fròbost agus Uibhist a Deas
- Mo mhàthair agus m' athair nach maireann
- Katy mo phiuthar chòir agus John mo chèile chòir, a sheas gu dìleas rim thaobh tro ghàire is dheòir.

- Bòrd na Gàidhlig and the Gaelic Language Promotion Trust: for literary grants
- My fellow-poets who appeared with me at literary festivals and events and offered congenial cooperation: Meg Bateman, Eòghan Stiùbhart, Marion F Morrison and Marcas Mac an Tuairneir
- John Thesiger: for creative suggestions on the English versions of four of the poems
- Other friends and collaborators in the Gaelic language and music world, especially Christine Macleod, Sabhal Mòr Ostaig, the Gaelic Society of London and London Gaelic Choir
- My neighbours and friends in Frobost and South Uist
- My late mother and father
- My dear sister Katy and dear partner John, who have stood steadfast by my side through laughter and tears.

Clàr-Innse*

Facal-toisich 24
Ro-Ràdh 26

I Bàird is Filidheachd I

1   Cumha a' Chrùin Chiomaich* 34
2   Là a' chrùnaidh (Trì-còmhla) 38
3   Beum na Bàrdachd 40

II Dàimh is Cinnidh

4   Tàladh Uibhist* 42
5   Do MhacDhòmhnaill: Cianalas an Eilthirich* 46
6   Ur Tabhartas Mòr*1 48
7   An Ìobairt as Motha – Sàilean Suede 50
8   Do Ghuth – do Heinrich 54
9   Iteagain Astair 56

III Aimsireachd is Diombuanachd

10 Mallachd air a' Choròna-bhìoras 58
11 Thig Charon a Shuirghe I:
    Tràth Teachdail Làthaireach 62
12 Thig Charon a Shuirghe II: Cridhe Anfhoiseil 64
13 Air Tràigh a' Phrionnsa 66
14 Às Dèidh Sgian Làmh-Lèigh 68
15 Stic Finealta* 70

Tha na dàin seo, le rionnag*, cuideachd nan òrain.
Ceòl-sgrìobhte san Leas-phaipear.

1 Air fonn/to the melody 'Chaidh a' chuibhle mun chuairt',
le/by Ruairidh Mac Mhuirich (An Clàrsair Dall)

Table of Contents*

Introduction 25
Foreword 27

I Bards and Poetry I
1. Lament of the Captive Crown* 35
2. Crowning Day (Triptych) 39
3. Poetry's Beat/Reproach 41

II Kinship and Connections
4. Uist's Call* 43
5. To Macdonald: The Emigrant's Longing* 47
6. Your Great Gift* 49
7. The Greatest Sacrifice – Suede Heels 51
8. Your Voice – for Heinrich 55
9. Feather-distance 57

III Temporality and Evanescence
10. A Curse upon Coronavirus 59
11. Charon Comes a-Courting I:
    Future Present Tense 63
12. Charon Comes a-Courting II: Restless Heart 65
13. On the Prince's Beach 67
14. After the Surgeon's Scalpel 69
15. A Fine Stitch* 71

The asterisked* poems are also songs.
Score music in the Annex.

IV Thar Chrìochan: Eadar-Cheangal

16 BuChòirAnDè 72
17 Caismeachd Dìteadh Brexit* 76
18 Luach nam Beathannan Dubha 80
19 Cuthag-Nasobem Bhaile-Leathach 84
20 Dobrou Noc – Oidhche Mhath 86
21 Chelidonia: Gòbhlan-gaoithe 88
22 Boustrophedon: 'Bò a' Tionndadh' 90
23 Dàn Hyperion 92
24 Bàs Herakleitos* 96
25 Dàibhidh na Creige Gile*[2] 98

V Bàird is Filidheachd II: Dàn Tiotal an Leabhair

26 An Seachdamh Tonn* 100

VI Eòlas-Beatha nam Ban

27 Gainneamh Shahara 106
28 An Dithis Mhòrag 110
29 An Dàn Liath 116
30 Co-dhùnadh 118
31 Aisling thar an Sgàthain 122
32 Glas is Liath 126
33 Rabhadh: Nuair Bhios mi Sean* 130

---

[2] Air fonn/to the melody 'Dafydd y Carreg Wen', le/by Dafydd Owen

IV Beyond Borders: Interconnection

- 16 YesTerday 73
- 17 The Brexit Condemnation March* 77
- 18 Black Lives Matter 81
- 19 Midwich-Cuckoo-Noseybeam 85
- 20 Dobrou Noc – Goodnight 87
- 21 Chelidonia: Swallows 89
- 22 Boustrophedon: 'Ox-Turning' 91
- 23 Hyperion's Fate-Poem 93
- 24 The Death of Herakleitos* 97
- 25 David of the White Rock* 99

V Bards and Poetry II: Title Piece

- 26 The Seventh Wave* 101

VI Women's Lives

- 27 Sahara Sands 107
- 28 The Two Morags 111
- 29 The Light Blue Poem 117
- 30 Decision 119
- 31 Aisling beyond the Looking-Glass 123
- 32 Greying Locks 127
- 33 Warning: When I am Old* 131

VII Meòrachadh

34 An Caolas Eadar Sinne agus Càch 134
35 Grian-stad an t-Samhraidh 136
36 Beathachadh: Sgeulachd ann an Earrannan 138
37 Psyche, Dealan-Dè, Anam 144
38 Feallsanachd 146
39 Cadal Dòchasach 148
40 Saor-snàmh* 150
41 Bun-Nòta 152

VIII Eirmse is Fealla-dhà

42 Ainmeachadh Bhàtaichean 154
43 Diogladh nan Gobhar 156
44 Luimnichean-Meek 162
45 Suirghe an Uilebhèist* 164
46 Easgann Loch Nis 166
47 An Nighean à Copacobana
    (Òran a' Chapybara)*3 170

IX Bàird is Filidheachd III

48 Cruit-Cuimhneachaidh* 172
49 Fàth 174
50 Ortha Crann nan Teud* 180
51 Na Fir-Chlis* 184

Leas-Phàipear: Ceòl-Sgrìobhte nan Òran 187

---

3 Air fonn/to the melody 'The Girl from Ipanema', le/by Antônio Carlos Jobim

VII Reflections

- 34 The Straits Between Ourselves & Others 135
- 35 Summer Solstice 137
- 36 Sustenance: A Story-suite in Chapters 139
- 37 Psyche, Butterfly, Soul 145
- 38 Philosophy 147
- 39 Hopeful Sleep 149
- 40 Wild Swimming* 151
- 41 Footnote 153

VIII Wit and Whimsy

- 42 The Naming of Boats 155
- 43 Tickling the Goats – Cyffroi'r Geifr 157/160
- 44 Donald's Limericks 163
- 45 The Monster's Courtship* 165
- 46 The Loch Ness Eel 167
- 47 The Girl from Copacobana (Capybara's Song)* 171

IX Bards and Poetry III

- 48 Harp of Commemoration* 173
- 49 Vision 174
- 50 Incantation of the Harp-Strings Tree* 181
- 51 The Northern Lights* 185

Annex: Score Music for the Songs 187

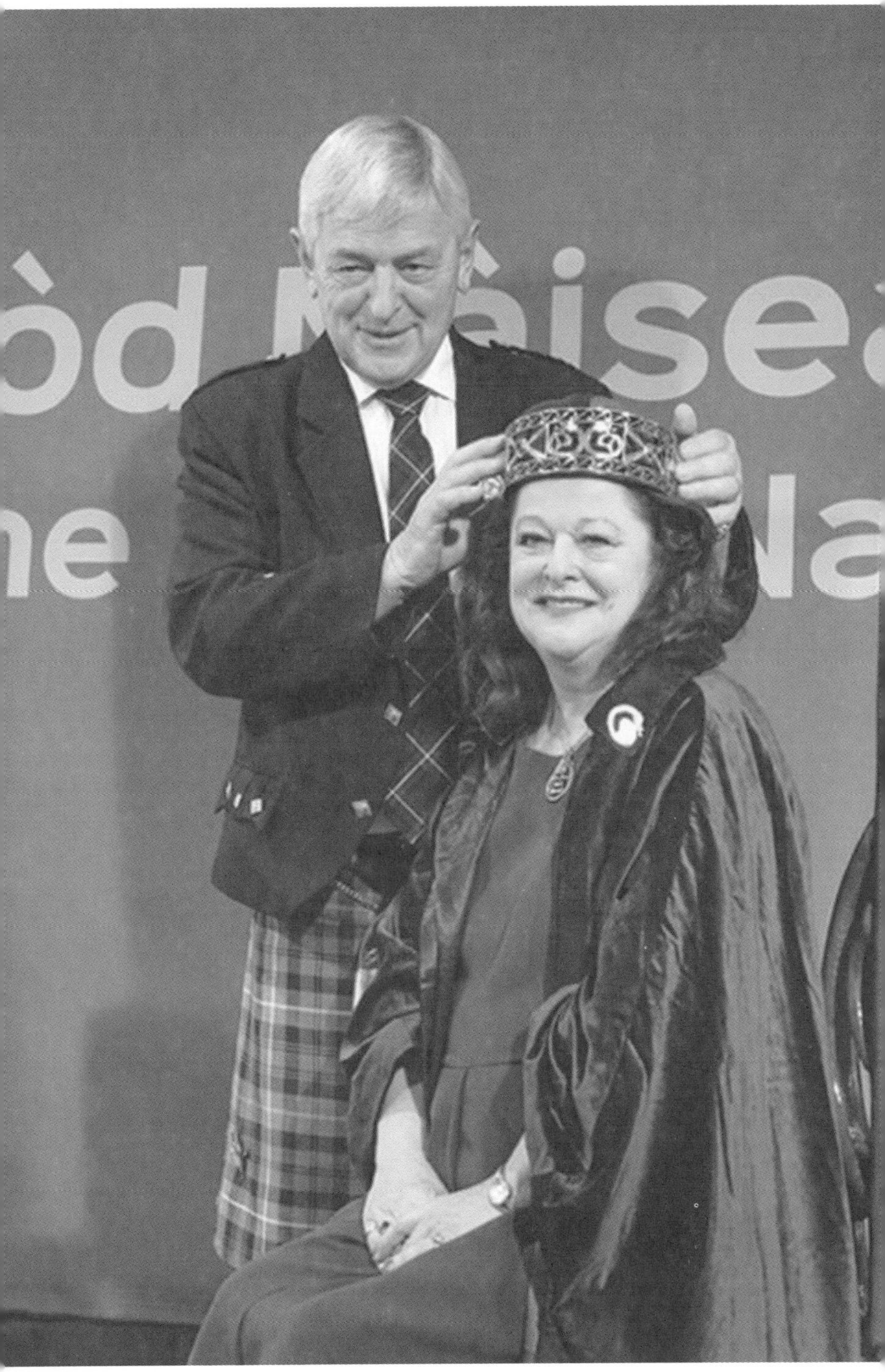

Facal-toisich le Ailean Caimbeul, Ceann-Suidhe, An Comunn Gàidhealach

Tha e na thlachd fàilte a chur air a' chruinneachadh ùr bàrdachd seo aig Sandaidh NicDhòmhnaill Jones. Bha e na thoileachas mòr dhomhsa, mar Cheann-suidhe a' Chomuinn Ghàidhealaich, Crùn a' Bhàird a bhuileachadh air Sandaidh aig Mòd Nàiseanta Rìoghail 2019 ann an Glaschu, agus mo thaing dhi airson a cuid dìchill is dealais a' togail inbhe agus ùidh ann am bàrdachd Ghàidhlig. Ged bu bheag a bha dùil an uairsin ri duilgheadasan mòr-ghalar a' chorònabhìorais agus mar a dh'fheumte Mòd Nàiseanta 2020 a chur air ais bliadhna, bha An Comunn air leth toilichte gun do dh'aontaich Sandaidh leantainn mar bhàrd na buidhne gu ruige Dàmhair 2021, nuair a tha dòchas ris a' Mhòd air ais an Inbhir Nis.

Chuala a' mhòr-chuid a thogadh faisg air muir mu annas an t-seachdamh tuinn, suail uisge nas treasa, nas àirde, agus nas maise, na 'n fheadhainn a chaidh roimhe. Thig e gun fhios 's gun rabhadh agus 's iomadh neach a chaidh a sguabadh far a chasan fo bhuaidh a neart!

Tha a' bhàrdachd aig Sandaidh fo ainm An Seachdamh Tonn mar a mhac-samhail, cumhachdach agus brèagha, agus tha a teachdaireachd cudromach agus brosnachail dha gach bana-bhàrd, agus dhan Chomunn Ghàidhealach mar bhuidheann lìbhrigidh duais Crùn a' Bhàird. Ann a bhith a' guidhe soirbheachadh dhan leabhar ùr seo dh'iarrainn cuideachd daingneachadh le moit co-ionannachd spèise a' Chomuinn Ghàidhealach dha na h-uile, agus coma dath, gnè, neo creideamh, tha fàilte romhaibh ma tha sibh a' creidsinn anns na h-amasan againn dhan Ghàidhlig is a cultar!

Introduction by Alan Campbell, President, An Comunn Gàidhealach

I am delighted to welcome this new collection of poetry by Sandy NicDhòmhnaill Jones. As President of An Comunn Gaidhealach, it was a great pleasure for me to present Sandy with our Bardic Crown at the Royal National Mod in Glasgow in 2019, and I thank her for her enthusiasm and diligence in raising awareness of, and interest in, Gaelic poetry. We could not then anticipate the challenges which a coronavirus pandemic would bring, and how the 2020 Royal National Mod would have to be postponed for a year, and An Comunn was extremely pleased that Sandy agreed to continue in her role as crowned bard until October 2021 when we hope the Mod will return to Inverness.

Most people raised near the sea will have heard of the phenomenon of the seventh wave, a swell of water greater, higher, and more majestic than its predecessors. It can arrive unannounced and without warning, and through time many have been swept off their feet by its unexpected strength!

Sandy's composition under the title of The Seventh Wave matches its subject in power and beauty, and her message is important and encouraging for all female bards, and also for An Comunn Gaidhealach as the body which awards the Bardic Crown. In wishing this new book every success I also take pride in reaffirming that An Comunn Gaidhealach respects everyone equally, and irrespective of colour, gender, or faith, you will be most welcome if you support our mission for Gaelic language and culture!

Ro-ràdh leis An Ollamh Máire Ní Annracháin MRIA

A' chiad uair a chuala mi Sandaidh NicDhòmhnaill Jones a' leughadh an dàin aice 'Na Fir-Chlis' aig tachartas ann am Baile Àtha Cliath, bha sinne – an luchd-èisteachd – air ar beò-ghlacadh leis. An ruitheam. An lùths. Bòidhchead nam fuaimean. An traidisean, ag èigheachd na làn amhach, is a' seinn mu mar a shil fuil nan ainglean tuiteamach gu talamh, agus a nochd mar chrotal ruadh. Nì an dàn sin pòsadh mìorbhaileach eadar sgeulachd a' Bhìobaill mu fhuadachadh nan ainglean à pàrras, agus mìneachadh beul-aithris na Gàidhlig air tùsan neo-shaoghalta a' chrotail ruaidh agus dearbh-aithne nam fir-chlis. Thig an dàn gu crìch le rabhadh: ag aithneachadh dè cho daor 's a cheannaicheas an fheadhainn ris a bheil tuigse is fàth mu dhìomhaireachd an t-saoghail ceadaichte, an t-eòlas a th' acasan: is iadsan na bàird is na fàidhean.

Tha a' chiad leabhar aig Sandaidh, 'Crotal Ruadh', air an gealladh a sheall i le 'Na Fir-Chlis' a choileanadh. Bheir an gealladh seo a-nis toradh ùr is ath-bheòthachadh san dàrna leabhar seo aice.

'S e taomadh buidheachais bhuaithe a gheibh sinn san iomairt seo: don luchd-oide misneachail a thog an àird i. Tha i ag ionndrainn a pàrantan gu geur. Bheir i òran àrd-mholaidh do dh'Uibhist, a fhuair a leithid iomadh uair roimhe: ach tha an dàn aice am measg nam feadhainn as fheàrr a chaidh a thairgsinn do dh'Uibhist thar linntean. Bidh i a' dèanamh làn-fheum dhen ion-shamhlachadh chlasaigeach Ghreugach, agus a' cur luach air seann chleachdadh litreachais na Gàidhlig, a rachadh am pàirt le sgoilearachd ris an canamaid foghlam clasaigeach; agus ise a' tarraing à taghadh de sgeulachdan soillseach mar choimeas.

Foreword by Professor Máire Ní Annracháin MRIA

The first time I heard Sandy NicDhòmhnaill Jones reading her poem 'Na Fir-Chlis – The Northern Lights' at an event in Dublin we – the audience – were electrified. The rhythm. The energy. The beauty of the sounds. The tradition, in full throat, chanting how the blood of fallen angels came to fall to earth and lodge as red lichen. That poem combines, marvellously, the biblical expulsion from paradise and the traditional Gaelic interpretation of the Otherworldly origins of the red lichen and the identity of the northern lights. It concludes with a warning, as it acknowledges the toll the knowledge of the world's mysteries takes on those to whom access is given: poets and seers.

The promise of 'Na Fir-Chlis – The Northern Lights' was borne out in her first volume, '*Crotal Ruadh – Red Lichen*', and is now bearing fresh and life-giving fruit in this, her second.

Her whole enterprise is an outpouring of gratitude towards those on whose shoulders she stands. Her parents are sharply missed. Uist receives a paean of praise, not for the first time, but a piece worthy of the best it has received over hundreds of years. She makes full use of classical Greek allusion, insisting on the ancient Gaelic tradition of associating itself with what used to be called Classical learning, which in her case involves drawing on a selection of luminous stories for comparison. This is no backward glance, however, but a mark of the world today, as she ranges around the world, and Greece becomes one of a long series of cultures she encounters. A simple but evocative image

Cha toir i sùil air ais leis a sin, ge-tà; ach tha i mothachail air an t-saoghal a th' againn an-diugh; bidh i a' siubhal fad' is farsaing, agus tha a' Ghrèig am measg sreath fhada is ioma-thaobhach de chultaran air an d' fhuair i eòlas. Cuiridh ìomhaighean sìmplidh ach drùidhteach iongantas oirnn, mar a' Mhedusa, a' riochdachadh buaidh a' chorònabhìorais, ar fògradh bho na gruagairean. 'S e triall do dh'iomadh dùthaich a nì sinn còmhla rithe: thoiribh an aire Pràg, an t-Sahara, Èirinn, is caochladh àitichean eile; agus, ann an 'Psyche, Dealan-Dè, Anam' turas gu tur eadar-nàiseanta. Bidh comhdhailean eile poilitigeach agus cultarail againn: Luach nam Beathannan Dubha, Na Dùthchannan Aonaichte, Brexit.

Togaidh na dàin san leabhar seo conaltradh dìreach, no air siaradh, le dàin Ghàidhlig agus dàin à tradiseanan eile. Thig seo gu bàrr gu sònraichte san roghainn fharsaing de chruthan bàrdachd a chleachdas i, le claisneachd earbsach agus liut air leth tuigseach mu ruitheam agus meatarachd, mar mhac-talla rannaigheachd anns na h-òrain Ghàidhlig air a bheil i cho dèidheil. Agus gu dearbh: fhuair an treas cuid de na dàin sa chruinneachadh seo am pòsadh le fonn, mar òrain. Bidh guth na bana-bhàrd a' seirm tro na h-òrain gu soilleir, agus tric gu brosnachail. Tha i a' tuigsinn mar a chaidh boireannaich a thoirmeasg às ar n-eachdraidh, agus a' gairm gur mithich dhaibh èirigh chun aithne air a bheil còir aca. 'S e giùlan gu tur bàrdail a th' aice, a sheachnas sluagh-ghairmean amha poilitigeach. Mar eisimpleir, gheibh Mac Mhaighstir Alasdair bochd achmhasan cumhachadh agus ath-sgrùdadh – air a bheil e gu math airidh; ach seallaibh cuideachd gu sònraichte air 'Rabhadh: Nuair a Bhios mi Sean, Cuiridh mi Purpaidh orm'. Ged a dh'aidicheas i gum b' e an dàn le Jenny Joseph a thug togail-inntinn dhi gu dìreach, bidh i a' seasamh gu dùbhlanach air còraichean nam ban gus miann agus iùl am beatha fhèin a dhealbhachadh:

can be arresting, such as the Medusa standing in for the coronavirus exile from the hairdresser. Often, though, the range is geographical – watch out for Prague, the Sahara, Ireland, to name a few, and in 'Psyche, Dealan-Dè, Anam – Psyche, Butterfly, Soul' a whole international tour. Other encounters are political and cultural: Black Lives Matter, the United Nations, Brexit.

The poems in this volume engage, directly or obliquely, in a dialogue with other poems from the Gaelic and other traditions. Nowhere is this more evident than in the range of poetic forms she embraces with a sure ear and an exceptional sense of rhythm and metre, often echoing the beloved measures of Gaelic songs. Indeed, nearly a third of the poems in this collection have also been married to melody to become songs. Her own voice rings through clearly and often provocatively. She realises how women have been excluded from history and proclaims that their hour has come. Her practice is fully poetic, and as far from crude political sloganising as you could imagine. There are several examples – poor Mac Mhaighstir Alasdair is definitely taken to task and revised, and well he deserves it – but look in particular at 'Rabhadh – Warning: When I am Old I shall wear Purple'. While she acknowledges the immediate inspiration of a poem of Jenny Joseph, the defiant tone and the claiming by a woman of the right to imagine her own future seem to reject the claims of, at the very least, Ronsard and Yeats, both of whom admonished a younger woman that the value and joy of her life would hinge on having been adored and celebrated by them, the poets. For our poet, the Gaelic tradition provides her with the pulsating image of the *cailleach*, the old woman or hag, who is recognised as the embodiment of the goddess of

agus le sin, bidh i a' diùltadh nam barailean aig Ronsard, Yeats is eile, 's iad a' toirt bagairt do bhoireannaich òga, gur ann a-mhàin air sàilleabh meas agus molaidh bhuapasan, mar bhàird fhireann, a gheibh ise luach agus tlachd na beatha. Tha dìleab bàrdachd na Gàidhlig a' toirt ìomhaigh bheòthail na 'caillich' don a' bhana-bhàrd againn; seann bhoireannach no 'baobh', aithnichte mar cho-shamhail ban-dhè na dùthcha agus an fhlaitheis. Tha e air a bhith soilleir dhuinne ann an Èirinn o chionn greis gu bheil àm na caillich air tighinn oirnn, gus a dlighe iarraidh, agus le ìomhaigh agus spionnadh ùr. Bheir i buidheachas do Shandaidh airson a cuid dìchill a thoirt ris.

Tha an leabhar seo a' nochdadh ann an clò aig àm cugallach. Nì an corònabhìoras caidreachas le tinneasan eile, le dealachadh, bàs agus gaol caillte. Gheibh an fheadhainn a tha letheach slighe-beatha eòlas eu-coltach ri eòlas na h-òigridh. Fàsaidh an dà chuid cunnart agus call nas gèire dhaibh, ach gheibh iad tlàthachadh le foighidinn agus gliocas. Bidh a' bhàrdachd aig Sandaidh a' cuimhneachadh agus a' caoidh nan càirdean nach maireann, ach mairidh a' bhan-òranaiche fhèin beò le cuimhe an gaoil. Bheir a dàin fianais air buaidh oillteil tinneis oirnn, ach nì iad fanaid agus aoir air bhìoras nan làithean seo againn. Cuiridh i sìos air toirmeasg nam ban à saoghal na bàrdachd; ach nì i gàirdeachas à dìleib bhoidhich na bàrdachd, agus aidichich i gu bheil i gu mòr fo fhiachan dhan dìleib seo. Bidh a dàin a' càineadh thachartasan nimheil poileataigeach; ach cuideachd a' freagairt gu mothachail ri mac-talla ciùil àrsaidh bhon taobh thall. Tha i a' seallltainn dhuinn modh-beatha comasach aig àm cunnartach: oir tha ise air bàrdachd gu sònraichte cumhachdadh agus brìoghmhor a chruthachadh; air fonn a chur air cuid aca; agus air cànain a thogail suas gu ceòl.

the land and sovereignty. It has been clear to us in Ireland for some time that the cailleach's hour is upon us, and she is about to come into her own, re-imagined and re-invigorated. She will be grateful to Sandy for her part in that.

This volume is published at a precarious time. The coronavirus links arms with other illnesses, separation, death and lost love. Those in their middle years experience these differently from the young. The danger and the loss are more acute, but patience and wisdom can bring a mellowness. Sandy's poems remember and mourn the dead, but their composer lives in the memory of their love. They describe being transfixed by terror of an illness, yet they laugh at and satirise the current virus. They denounce the exclusion of women from poetry yet rejoice in the beauty of the poetic tradition and acknowledge a huge debt to it. They choose to excoriate malign political events but show they are present to the resonance of an ancient otherworldly music. They demonstrate how one can live in dangerous times, yet create hugely energetic poetry and, by including the tunes for several pieces, raise them into song.

CRUINNEACHADH BÀRDACHD AGUS ÒRAN
COLLECTED POEMS AND SONGS

I Bàird is Filidheachd

1   Cumha a' Chrùin Chiomaich[4]

Rann 1
'S mi nam shuidh' seo nam aonar
Ann am bogsa gun ghrian,
Ghoid an duibhre mo shaorsa:
Rìgh! 'S cha mhòr nach caill mi m' rian.

Seist
A Cheòlraidh, ur sunnd!
Is glèidhear ur reachd.
Cha bràigh' mis' an crùn,
'S chan àichear mo rùn:
sàr-urram do bhàird ri teachd.

Rann 2:
Ged de mheileabhaid phurpaidh
Rinneadh cluasag m' àit'-suidhe,
B' e sèithear bàird ùraicht',
No ceann-duanair' a guidheam.
Sèist

Rann 3:
Caoidht' an cliù a bu ghnàth leam,
leth-cheud bliadhn' bhithinn builicht'
air ur bathais – a bhàrdaibh! –
a choisinn a' phrìomh dhuais.
Sèist

---

[4] Cha deach duais Bàrd a' Chomuinn a thoirt seachad eadar 1978 agus 1999.

I   Bards and Poetry

1   Lament of the Captive Crown[5]

Verse 1
Here I sit alone and lonely
in a sunless casket.
Darkness has stolen my freedom:
Lord! I risk my sanity.

Chorus
Muses, lift your hearts!
May your reign resume.
I am the crown, not captive,
my mission is renewed:
to honour future bards.

Verse 2
I sit on a fine soft cushion
fashioned from purple velvet,
But I should prefer the bardic chair,
or to grace a poet's brow.
Chorus

Verse 3
I mourn my former renown,
my role for fifty years
to adorn your heads - you poets
who won the famous prize.
Chorus

---

[5]   The 'An Comunn Bàrd' title was not awarded between 1978 and 1999.

Rann 4
Ach fichead bliadhn' orm fadachd –
's mi sa chiste chiar ghlaiste –
ri bhith fillte mar labhras
air ceann nam bàrd aithnicht'.
Sèist

Rann 5
Cluinnibh fathann ro-iongantach!
Is mithich dhomh dùsgadh!
Thèid mo lìomhadh 's mo dhustadh –
Oir thèid bàrd ùr a chrùnadh!
Sèist

Rann 6
Às a' chiste mo ghruaim
Is àill leam nis tàireadh.
Gheibh bàrd ùr an t-seann duais
Is èirich le àigh mi!

Sèist mu dheireadh
Togaibh ur ceann, is togaibh ur peann,
a bhàrdaibh, 's ur tàlann gun tàlainn.
Mis' an crùn, 's tha mi beò!
Ar cànan 's ar cèol,
Suas le bàrdachd, is suas leis a' Ghàidhlig!

Verse 4
But twenty years past, locked
inside this gloomy box,
I have yearned to crown the bard
as if I were a laurel-wreath.
Chorus

Verse 5
But now, a wondrous call!
It is time for me to stir.
I shall be polished and dusted
a new bard will be crowned!
Chorus

Verse 6
I am overjoyed to escape
from this melancholy chest.
I will rise up and serve again,
an old crown on a new head.

Last Chorus
Raise your heads, and wield your pens,
Poets! I again reward you.
I am the crown, restored to life!
So dedicate your verses
to our language, our music – to Gaelic!

2 Là a' chrùnaidh

I – Buidheachas

Cha dhùin doras nach fhosgail doras eile:
Cha chrùint' bàrd ùr nach buidheach do bhàird cheana.

II – Na bàird bheò!

Mar as tric, gus an tachair crùnadh,
bidh cuideigin air caochladh:
tar-aiseig a' chrùin as dèidh tùirse-bàis.
Nach e tlachd is faochadh dhomhsa
gu bheil na roimh-theachdaichean agam
rè còrr is fichead bliadhna uile fhathast beò!
Is mo thaing dhaibh uile son an taic ghlic chòir
gus mo thogail chun na cathrach
a bh' acasan roimhe,
agus ris nach biodh dùil agam a chaoidh.
Ainmean uile an òir.

III – Mise, sotto voce

Thusa! bàrd-clòmhrachain ùr, 's crùn aosta ort,
an òraid agad teabadach, cliopach, fiata,
air do shlugadh leis an trusgan phurpaidh aibhseach,
a' mionnachadh 's moibleadh fod anail:
'Na cliob! O Rìgh, nis na tuit!

2   Crowning day

I – Acknowledgement

No door closes that fails to open a new door:
No bard was crowned that owed no debt to bards before.

II – The living bards!

Something usually dies to beget a coronation,
someone has usually passed away:
death's sadness transfers the crown.
What joy and relief, then, to me
that my predecessors of more than twenty years
are all alive and still with us!
I owe them a great debt of gratitude
for their wisdom and kindness
that assisted my path to the chair
they once occupied –
and which I never expected myself.
Golden their names all.

II – Me, sotto voce

You! a new fledgling bard, with an ancient crown,
and your faltering, awkward, shy dedication,
consumed whole by the vast purple gown -
with a sotto voce muttered imprecation:
'Don't stumble, now! Lord, don't fall!'

3   Beum na Bàrdachd

'S ann bhuaith' a gheibh sinn
Leasan làidir mu bheuman,
'S fon oideachadh fhoghlaimt'
Nì sinn uile for-cheum ann.

"Tha buille is beum
Gu luach is gu feum
Ma bhios tusa gu treun
Gu bhith nad bhàrd."

Thug e stiùireadh air uidheam
Sàr-sgrìobhadh na bàrdachd;
Air ceart-ghiùlain le ruithim
Dè tha ceart 's dè tha ceàrr ann.

"Tha buille is beum
Gu luach is gu feum
Ma bhios tusa gu treun
Gu bhith nad bhàrd."

Chan eil càineadh ri fhaotainn
Air a chomasan bàrdachd,
'S fad' is farsaing san t-saoghal
a chluinneadh moladh an àird e.

Bheir esan a bhreith
Air do bhuille 's do bheum:
Is fo bhuaidh a sheun…
"'S tu nad bhàrd!"

3   Poetic Beat/Poetry's Reproach

It's from him that we receive
Powerful lessons about beat,
And under his learned tuition
We could all take degrees in it.

"The stress and the beat
You must value and heed,
If you mean to try hard
At being a bard."

He has counselled us on the skills
Of writing authoritative poetry;
On dealing correctly with rhythm,
What's permitted, what's forbidden.

"The stress and the beat
You must value and heed,
If you mean to try hard
At being a bard."

There is not a criticism to be heard
Concerning his poetic talent,
And throughout the wide world
His prowess is highly valued.

Now he will profess
On your beat and your stress:
His sorcery's done it…
"Poet, you've won it!"

II Dàimh is Cinnidh

4 Tàladh Uibhist

Chaidh an t-òran seo a choimiseanadh airson Fèis Leabhraichean Uibhist agus Ceòlas Uibhist, gus Seachdain Leabhraichean na h-Alba 2020 a chomharrachadh

Sèist
Osna gaoth an iar a' pìobadh tro na beann,
sileagan uisg' mar phongan-ciùil o theud nan crann,
còisir nan eun a' ceilearadh an t-sallain is ar dàn.
Guth an eilein, cuimhn', anam is fiughair
gairm na talmhainn gar tàladh do dh'Uibhist nam beann:
nàile hù i o, tàladh Uibhist.

1. Mion-fhlùraichean na machrach, tapaidh 's ioma-dhathte;
bad-dhìthean mar thìodhlac do cheann-bliadhn' an earraich,
's le pòg nan dealan-dè bidh cuairt nan ràithean beannaicht'.
Nàile hù i o, tàladh Uibhist.

2. Sròl ròsach laigh' na grèine air socair is an dàil
gu ruige sgàil na h-oidhche bho shoillse an là,
a' dathadh sgòthan samhraidh gu leasgach ciùin san adhar.
Nàile hù i o, tàladh Uibhist.

Sèist
Osna gaoth an iar a' pìobadh tro na beann,
sileagan uisg' mar phongan-ciùil o theud nan crann,
còisir nan eun a' ceilearadh an t-sallain is ar dàn.
Guth an eilein, cuimhn', anam is fiughair
gairm na talmhainn gar tàladh do dh'Uibhist nam beann:
nàile hù i o, tàladh Uibhist.

II   Kinship and Connections

4   Uist's Call

*Commissioned for the Uist Book Festival and Ceòlas Uist,
to mark Book Week Scotland 2020*

Refrain
The west wind sighs and pipes through the hills,
the rain plucks bright notes from nature's harp
birds warble their rich chorus – their harmony our song.
The island's voice, memory, spirit and hope,
the call of the land, luring us home to Uist
lullaby lilting, Uist is calling.

1. Tiny brave multi-hued flowers on the machair;
miniature bouquets, little birthday gifts to spring-tide,
blessing the turn of the seasons with the kiss of butterflies.
Lullaby lilting, Uist is calling.

2. The rose satin gown of sunset gently lingers
in languid passage from day's brightness to shady night,
the nuanced tint of summer's clouds slowly, gently shifting.
Lullaby lilting, Uist is calling.

Refrain
The west wind sighs and pipes through the hills,
the rain plucks bright notes from nature's harp
birds warble their rich chorus – their harmony our song.
The island's voice, memory, spirit and hope,
the call of the land, luring us home to Uist
lullaby lilting, Uist is calling.

3. Fiamh liath-phurpaidh air slèibhtean blàth' an fhoghair
am fraoch a' ciaraich 's a' sìor-fhàs nas corcair',
mar ghean do ghealla-teothachaidh nan cruachan-mònach.
Nàile hù i o, tàladh Uibhist.

4. Is cruach-fheòir a' tairgsinn a bòid òir-bhuidhe àraich
is furtachd do na caoraich bho acras bhuan a' gheamhraidh,
gus an teann bliadhn' eile dhuinn le blàthachadh na ràithe.
Nàile hù i o, tàladh Uibhist.

Seist
Osna gaoth an iar a' pìobadh tro na beann,
sileagan uisg' mar phongan-ciùil o theud nan crann,
còisir nan eun a' ceilearadh an t-sallain is ar dàn.
Guth an eilein, cuimhn', anam is fiughair
gairm na talmhainn gar tàladh do dh'Uibhist nam beann:
nàile hù i o, tàladh Uibhist.

3. Slight hints of mauve on the warm autumn hillsides
as the heather turns daily a darker, deeper purple,
a favouring smile on the peat-stacks' promised warmth.
Lullaby lilting, Uist is calling.

4. And haystacks offer their golden-yellow pledge of nurture,
deliverance for the sheep from the long hunger of winter,
until a new year approaches, with a milder turn of season.
Lullaby lilting, Uist is calling.

Refrain
*The west wind sighs and pipes through the hills,
the rain plucks bright notes from nature's harp
birds warble their rich chorus – their harmony our song.
The island's voice, memory, spirit and hope,
the call of the land, luring us home to Uist
lullaby lilting, Uist is calling.*

5   Do MhacDhòmhnaill – Cianalas an Eilthirich

Mus sruth 'n fhuil nas fhuaire nar fèithean,
nach ceadaich sibh gràs dhuinn, a rìgh,
air bruach a' chaolais as cèine:
nach aithnich sibh aithridh ar cridh'?

Thoiribh maitheanas, a dhìonadair-dìlse
do ar dearmad truagh, ri ar beò,
oir dhiùlt sinn ur gairm, is dhìobraich
ur greadhnachas, Eilean a' Cheò.

5   To MacDonald – The Emigrant's Longing

When the life-stirring blood must run cooler,
will you grant that we tarry awhile,
for our hearts to acknowledge you ruler –
on the brink of the ultimate kyle?

Will you pardon, wild faithful defender,
at our parting our lifelong denial
of the call of your mist-ancient splendour,
Forsaken One, mist-bedewed Isle?

6   Ur Tabhartas Mòr[6]

Dom Athair nach Maireann

Gabhadh buidheachas mòr,
Athair chòir, air ur tìodhlac as ùir'.
Thug sibhse dhomh còrr
Air ur tabhartas prìseil fiù 's –
Ur coibhneas, ur ceòl
Ur foighidinn, eirmse is tlus.
Rugadh an Corcaigh sibh òg:
Mac na h-Èireann bha sibhse bho thùs.

Tha ur cuideachd dham dhìth,
nach do cheadaich ur tìde ro-ghann.
Ach mo làmh-sa tha sìnt'
Thugaibh, athair, thar chrìch nam beò thall:
Is nighean na h-Eòrpa mi,
'S mo thaing dhuibh is gaol gun do gheall
Ur breith dhomh, gun chrìch',
Cead siubhail fad' is farsaing air triall.

Thig ar cuibhle mun cuairt,
A' tionndadh bho fhuachd gu blàths'.
Tha ur muinntear seo buan
Nam anam-s', 's an Èirinn na fàilt'.
Sgèith mac-tall' às an uaigh,
toirt fios gur sibh cuide rium fhathast:
Le chèil' a-rithist uair,
Athair 's nighean co-roinnt' an tàmh.

---

[6]   Dh'fhaodar a sheinn air fonn 'Thèid a' chuibhle mun cuairt'.

6   Your Great Gift

For My Late Father

My dear father, my renewed gratitude
For this, your latest act of generosity.
You have bestowed more upon me,
Even beyond your earlier gifts –
Your kindness, your musicality,
Your patience, your tenderness.
Born and raised through boyhood in Cork,
You were always a son of Ireland.

Your untimely passing stole your beloved
company from me – still so sorely missed.
But my longing hands still reach out to you
Father, beyond life's boundary:
Your daughter is a daughter of Europe, too,
And thanks you with deep grateful love
For your place of birth, which grants me
Travel free, far, unfettered.

So the wheel comes full-circle for us,
Offering warmth despite the chill of death.
Our kith and kinship live on and endure
In my soul, and in Ireland's welcome.
Still your voice echoes, even from the grave,
Assuring me you are ever at my side:
We will be together once again,
Father and daughter re-united in peace.

7 An Ìobairt as Motha – Sàilean Glasa Suede

Là cudromach do phiuthar leth-aon
urram ga thoirt dhi
aig cuirm a' comharrachadh
oidhche nan duaisean:
agus gàirdeachas aig an dithis.

Thig an t-àm, cluinnear
ainm a peathar,
le gairm chun an àrd-ùrlair;
's i seasamh an àird
air na brògan snasail ùra oirre
agus – cnag!

Sàil air briseadh
gu blòmasach,
ag agair aire.

Neo-ghluasadachd. Imcheist.

Cha do chaill thu fiù 's diog.
Spìon thu dhìot sa bhad
an dà bhròg agad fhèin
an làrach nam bonn,
is shiolp thu iad air
casan critheanach do pheathar –
ga putadh gu caomh air adhart
'Shin thu, m' eudail leth-aon, siuthad!'

7   The Greatest Sacrifice – Grey Suede Heels

A significant day for a twin sister
receiving an honour
at festivities to mark
prizegiving evening:
a celebration for both.

The moment arrives, her
name is called,
summoned to the stage;
she rises to her feet
in her snazzy new shoes
and – crunch!

A heel has snapped off
ostentatiously,
demanding attention.

Immobilised. Dilemma.

You lost not a single second.
In a flash you had whipped off
both your shoes,
in a twinkling you
slid them onto your sister's
shaking feet, pushing her
gently forward –
'There now, Twinnery, on you go!'

Agus dhìrich ise an t-àrd-ùrlar
air do shàilean glasa àrda suede –
sàilean seasmhach a peathar.

Chan eil gaol san t-saoghal leithid
ìobairt do bhrògan airson
piuthar ann an staing.

Agus shin thu fhèin, Katy
na mo chuimhe gu sìor,
cas-rùisgte, ach – fhathast cho grinn! –
le gàire moit – is mire
air d' aodann àillidh,
an t-aodann as prìseile
sa chruinne-chè
dhomhsa.

'S tu gu bràth mo leth-aon gaisgeil.

And she ascends the stage
in those grey suede high-heels,
her sister's trusty shoes.

Greater love hath no woman on earth
than to sacrifice her shoes
for a sister in extremity.

So here you are, Katy,
lastingly vivid in my memory,
barefoot, but still – oh so stylish! –
with a smile of pride - and mirth
on your lovely face;
the dearest face
in the world
to me.

Ever my heroine twin.

8   Do Ghuth – do Heinrich

Air mo chùlaibh chuala mi
cuideigin a' feadairich gu caoin
'An einem Bächlein helle….'
fonn mòr-chòrdte dhan dithis againn.

Thusa! Gun dùil a' nochdadh an seo!
's air siubhal fad' an astair
bhon a' Ghearmailt
gus iongnadh a chur orm
le dearbhbadh do ghaoil mheanmaich.

Do chinnt cho blàth-chridheach!
Fada ro anmoch a-nis:
nach pianail dhomhs' an aithne
gun robh sinn
gu sìmplidh ro òg;
ach b' e fìor-ghaol a bh' againn.

Thusa, am fear ceart dhomhsa
uair dhan robh e,
nad laighe a-nis
fo bhileagan-ròis
a sgaoil mo làmh air do chiste,
fada ro thràth
san uaigh.

Deine Stimme – für Heinrich[7]	8	Your Voice – for Heinrich

Hinter mir hörte ich
‚An einem Bächlein helle',
eine bekannte liebe Weise
leise hinterhergepfiffen

Du! hier unerwähnt aufgetaucht!
Die lange Strecke von Deutschland
angereist, um mich zu
überraschen
mit Deiner heiteren Liebe.

Diese zarte Sicherheit!
Allzu spät
wie's mir nun weh tut
dass wir uns damals
einfach zu jung,
aber so echt geliebt haben.

Du, mein ehemaliger Richtige,
Du liegst nun
unter Rosenblüten
von meinen Händen
über Deinen Sarg gestreut
allzu früh
im Grabe.

Behind me I heard
someone softly whistling
'An einem Bächlein helle….'
a favourite tune to the two of us.

You! unexpectedly popping up here! –
having made the long journey
from Germany
to surprise me with proof
of your high-spirited love.

This tender certainty of yours!
Far too late now:
how it pains me
that we were simply
too young then;
but truly we loved each other.

You, who were so right for me,
you lie now
under rose petals
scattered by my hands
over your coffin,
far too early
a grave.

---

7   Dreachd thùsail sa Ghearmaltais – My original version, in German

9 Iteagan-astair[8]

Iteagan ar smuain
gràidh do chèile
is cùram mun chèile
a' seòladh thairis eadarainn:
mar bhleòiteagan air astar
fo chunnart leaghadh.

Teachdaireachdan, gairmean, seanachas:
ar n-iomlaid misneachd, gaoil
is dòchais: gun till as ùr
dlùth-chaidreabh is mairiste tlùsail
as dèidh àm Choròna.
Ach an ceartuair –
foighdinn caomh.
Agus astar.

---

[8] 'S e tionndaidh ùr air an dàn agam 'Sneachd a' Ghiblein' a tha seo, a nochd ann an 'Crotal Ruadh' 2016.

9   Feather-distance

Feathers of our thoughts
of love and concern
for each other
drift across between us:
like snowflakes over distance
at risk of melting.

Messages, calls, telling our thoughts:
our exchange of morale, affection
and hope: for a time of renewed
close touch, intimate love
after the time of Corona.
But just for now –
loving patience.
And distance.

III   Aimsireachd is Diombuanachd

10   Mallachd air a' Choròna-bhìoras[9]

Aoir ann an stoidhle "Carmina Gadelica"

1   Coròna-bhìoras

Gur mise th' air mo chràdh
leis a' Chovid-galar-clèibh,
a thàinig gun mo chuireadh
is le mì-rùn uilc air m' eug.

A Chorònabhìorais, droch-ghuidhe ort!
Marbhphaisg charminadelica ort!
Mise fo mhulad – ro ho ill u,
casadaich sgràthail – obh o bha hu,
thalla, mo mhallachd ort,
diabhlaidheachd thu!

2   An Tionndadh

Bagairt dom shlàinte air a' bhlàr,
tùchadh is smùcanaich fad' an là!
ho a ho thalla, tha mis' air mo chràdh
ho a ho thalla, o thalla gu math!

Trì nèapraigean 's srùbagan 's trì uisge-beath'
an sreothart a' srannartaich, thig mo sgrios dheth!
ho a ho thalla, o thalla gu lèir,
an donas air a' Chovid-galar-clèibh!

---

[9] 'S e tionndaidh ùr air an sreath agam 'Mallachd Charminadelica air a' Ghalair-Chlèibh a tha seo, a nochd ann an 'Crotal Ruadh' 2016.

III Temporality and Evanescence

10   A Curse upon Coronavirus
A satire in the style of "Carmina Gadelica"

1   Coronavirus

Oh, how wearisome it is, being
afflicted with Covid-chest-pains
that arrive uninvited,
with malign and fatal intent.

Coronavirus, a curse on you!
Carminadelic imprecations rain on you!
O how sad I am ro hu ill o
coughing's destructiveness obh o bha hu
be away, my curse on you,
and your Covid-diabolica!

2   Turning-point

My health's endangered on this battlefield,
coughing and snivelling all the long day;
Ho a ho, go away, cease tormenting me
Ho a ho, go away, and never dare return!

Three hankies and cuppas and three whiskies
The sneezing and snorting will be my ruination
Ho a ho, go away, get away altogether,
The devil be upon this Covid-chest afliction!

3 Feabhas

O is garbh an sgleò, is mis' ann an cèo
O thalla, a ghalair, is tilleadh mo bhèo!

Nar bheil fuath agam air m' obair
Is tha gràin agam air sgìths;
Ach bhith fulang le Coròna-ghalar,
Tha mi deònach a chur sìos!

O is garbh an sgleò, is mis' ann an cèo
O thalla, a ghalair, is tilleadh mo bhèo!

3   Recovery

O fierce is the contest, bewildering me -
Go to blazes, illness, I want to live again!

I am not disinclined to work
but this fatigue disgusts me
as for suffering with Corona –
I wholeheartedly curse it!

O fierce is the contest, bewildering me –
Go to blazes, illness, I want to live again!

11 Thig Charon a Shuirghe – Dà-Chòmhla I: Tràth Teachdail Làthaireach

Coimisean bho Chomhairle nan Leabhraichean mar phàirt de shreath Bàrdachd Ghàidhlig Ùr, Cèitean 2020

Anail anfhann –
an tràth teachdail: teann, tinn, anfhoiseil
an tràth làthaireach: na làithean seo so-leònte, breòig
's an tràth caithte: nach caillte, ach sìor fhàs nas prìseile.
Mair! Meal an tìodhlac-tìde
le meidh do bheatha gun fhiosta dhut.

Ach ciamar a chuireas sinn
luach air tabhartas-tìde
nach eil againn ach air iasad,
is gun là-dhìolaidh?
Dè fiach an seilbh againn
nach buin dhuinn?

Tìde a dhiogas seachad
sa ruithim reachdail,
ach ann an diogan nach eil
co-leithid no cothromach do chàch,
ach a' gliogadaich le luaths coigreach
don fheadhainn chuimsichte
le saighead-neimh-galair,
's nach fhaigh an uimhir-ùine
riaraichte.

11 Charon Comes a-Courting – Diptych I: The Future Present

Commission from the Gaelic Books Council as part of a series of new Gaelic Poetry, May 2020

Frail breath –
the future tense: indeed tense, sickly, uneasy
the present tense; this fragile, vulnerable present
the past tense: spent, yet not lost, and rapidly gaining value.
Live it! Love the gift of time
with the balance of life unbeknown to you.

Yet how best to value
the benefaction of time
which is only ours, at best, on loan
and with no requittal date?
How can we prize our fortune
when it is not ours to own?

Time that ticks by in its
regulated rhythm;
yet in seconds that are not
equally or justly distributed to all,
but clicking to an alien tempo
for those targeted
by infection's poison-arrow,
and who are denied their full
allotted span.

12 Thig Charon a Shuirghe – Dà-Chòmhla II: Cridhe Anfhoiseil

Mo bhuille-cridhe socair;
trì fichead diog sa mhionaid –
's e mo dheimhinn uaireadair
an gleoc fìor-phuncail,
gloine-gainmhich nam chliabh.

Cò theireadh, an tig rabhadh
gun lagaich an ruithim – sòradh beag –
mus sguir i de dhiogadh:
daoirse-buille
gainne-anail,
dìth-tìde,
tàmh oillteil san tràth teachdail.

Nach e cùis mo mhùirn
cho anfhoiseil 's a tha
mo chridhe fhathast,
san tràth làthaireach
so-leònte seo.

12   Charon Comes a-Courting – Diptych II: Restless Heart

My resting heart-beat;
sixty seconds per minute –
my truest chronometer,
a finely precise clock,
an hour-glass in my breast.

There may be little forewarning
before that beat falters – a brief flinch –
and ticks haltingly down
to no discernible pulse,
absence of breath,
time-privation,
the terrible peace of the future tense.

How greatly I love
the current restlessness
of this heart of mine,
in the fragility of this
present tense.

13 Air Tràigh a' Phrionnsa

'S i a' coiseachd air a' chladach
casruisgte, mar a tha a gnàth.
Ach a' sileadh deòir agus ag ùrnaigh
teicheadh uair eile,
oir tha aillse air tilleadh.
'S i ag ùrnaigh son saoradh o chiomachas
son àbhaisteachd, son cumantas.
Chan eil i deiseil fhathast
airson na sìorraidheachd,
tha an t-uamhann air a rùsgadh.
'S i a' coiseachd air Tràigh Theàrlaich
cas rùisgte, cridhe rùisgte, beatha rùisgte.
Dearg rùisgte.
A-rithist.

13 On The Prince's Beach

She's walking on the shore
barefoot, as is her way.
But weeping tears and entreating
for another deliverance,
for cancer has returned.
And she is praying for release from captivity,
for normality, for the everyday.
She is not yet ready
for eternity.
Terrified, stripped naked by fear.
She is walking on Charlie's Beach
Barefoot, bare-heart, bare-life.
Utterly naked.
Again.

14 Às Dèidh Sgian Làmh-Lèigh

A' crochadh air snàth;
snàth aimhreiteach.
Chan e loidhne dìreach glan a th' ann,
eadar a' Mhìonataur agus beul a' chuartain.
Mas ann san àm chaithte a lorg sinn acarsaid,
tha grèim daingeann sa mharachadh a dhìth,
a' glacadh na bruaiche gu seasmhach,
's a' toirt misneachd dhuinne
a thilgeas ar ròpa-tìreachaidh gu dòchasach
mu phost-ceangail neo-aithnichte
an ama ri teachd.

14 After the Surgeon's Scalpel

Hanging by a thread;
a tangled thread.
There is not a simple pure line
from Minotaur to maze-mouth.
If we are to anchor in the past,
our moorings must be secure,
their hold on the bank steadfast
to reassure us and re-ashore us
as we cast our landing-rope hopefully
around the unknown tie-post
of the future.

15 Stic Fìnealta

Sheòl an ùine caithte
seachad gu deifreach,
stic-fighe caillte;
an t-àm làithreach –
's e snàth do-sheallte;
's an t-àm ri teachd
a' crochadh air sùdh.
San ùine air fhàgail –
bi athaiseach àghmhor
gu seachd àraid, bi tairis:
cha ghabh ath-thachrais

15 A Fine Stitch

The hastening past
passed so fast,
a mere stitch off-cast;
the present in-between
is a thread unseen;
the future
hangs by a suture.
What's left to go –
be joyful, be slow
above all, be kind:
there is no re-wind.

IV Thar Chrìochan: Eadar-nàiseanta, Eadar-theanga, Eadar-litreachais

16   BuChòirAnDè
19/9/2014

Alba thapaidh
is truagh leam sinn
bu chòir
ar còir
air saorsa
a bhith
air ar aont' osgarra
is òrdaicht'
an-dè...

cha robh sinne
mar chinneadh
cinnteach
no tapaidh gu leòr:
nochd uireasbhuidh dòchais
is gaoid nar treòir.
's mi 'n-diugh fo dheòir,
mi fhìn a chuir
mo chrois-sa sa bhocsa
'bu chòir'
an-dè...

IV Beyond Borders: International, Inter-lingual, Inter-literary

16 Yes-terday
19/9/2014

Brave Scotland
how I feel for us
Yes, we should
emphatically
have agreed
and decreed
our right
to freedom
yes-terday…

we were not
as a nation-family
certain enough,
sufficiently brave:
defects of hope arose
and blemishes of courage.
and today I weep
I who did put
my cross in the box
yes
yes-terday…

ach dìbridh ar cràdh
is thig, thig an là
oir mairidh ar n-amas
is mairidh ar gràdh
air Albainn againn
gu sìorraidh bràth.
Till, till am bàrr:
oir thig, thig an là,
là faisg neo fad' às
thig fhathast an là,
là againn, dàn Albann
nach tàinig
an-dè.

but our torment will lessen
and our day will, will come
for our purpose endures
and our love endures
for this Scotland of ours
forever.
Rise, rise up again
for the day will, will come
a day near or far
that day will yet come
our destiny-day, Scotland,
that did not come
yes-terday.

17 Caismeachd Dìteadh Brexit[10]
Puirt-a-beul: Caismeachd 6/8

Rann 1

Mo ghràin air nathraichean puinnseanta Brexit
A chuireadh ar buinteanas Eòrpach gu chràdh,
Ar sparradh thar chreagan, ar spuinneadh 's ar trèigsinn:
Mo mhallachd orr' uile, 's an donas dhan ghràisg.

Sèist

Sìos le bùidsearan Bhrexit gu bràth,
Na mèirlich a' maoidheadh ar saltairt fon sàil;
Sìos le slaoightearan rinn dhuinn an sàth,
'S fhiach do thrèigsearan peanas is bàs.

Rann 2

Na 'ceannardan' coirbte cunnartach ciontach,
Am faoineas rinn foill oirnn, eucoir is olc;
Gealtairean ladarna, mealltairean bagarrach,
Breugan 's brìbean ar reachdas a loisg.

Sèist

Sìos le bùidsearan Bhrexit gu bràth,
Na mèirlich a' maoidheadh ar saltairt fon sàil;
Sìos le slaoightearan rinn dhuinn an sàth,
'S fhiach do thrèigsearan peanas is bàs.

---

[10] Sgrìobhte sa Mhàirt 2019

17   The Brexit Condemnation March[11]
The Brexit Condemnation March

Verse 1
How loathsome are the poisonous Brexit vipers
Bent on tormenting our bonds with Europe,
Thrusting us off cliffs, plundering and betraying us:
An accursed rabble, the devil take them all.

Chorus
Down with the Brexit butchers, for eternity,
The thieves threatening to grind us underfoot;
Villains who have stabbed and forsaken us,
Treachery warranting punishment and ruin.

Verse 2
These accursed, dangerous, culpable 'leaders'
And their criminal, wicked folly and deceit;
Shameless cowards, bully-boy swindlers,
Immolating our constitution with falsehoods and bribes.

Chorus
Down with the Brexit butchers, for eternity,
The thieves threatening to grind us underfoot;
Villains who have stabbed and forsaken us,
Treachery warranting punishment and ruin.

---

[11] Written in March 2019

Rann 3

Na bùidsearan breugach maslach mì-chiallach
Sgrios iad ar dàimhean, ar n-Eòrpa, ar n-aisling:
Mo mhallachd orr' uile, 's iad a' dol chun na h-Ifrinn
Gus am peacadh a phàigheadh gu sìor is gun sìth.

Sèist
Sìos le bùidsearan Bhrexit gu bràth,
Na mèirlich a' maoidheadh ar saltairt fon sàil;
Sìos le slaoightearan rinn dhuinn an sàth,
'S fhiach do thrèigsearan peanas is bàs.

Verse 3

The lying, scandalous, senseless butchers
Destroying our friendships, our Europe, our dreams:
My curse upon them all, may they go to Hell,
Do eternal penance for their sins, and know no peace.

Chorus

Down with the Brexit butchers, for eternity,
The thieves threatening to grind us underfoot;
Villains who have stabbed and forsaken us,
Treachery warranting punishment and ruin.

18 Luach nam Beathannan Dubha

Do mo cho-obraichean uile sna Dùthchannan Aonaichte agus sa Cho-fhlaitheas

Cha ghabh luach
nam beathannan dubha
a dhiùltadh no
iompachadh;
agus cha ghabh
aibhseachadh.

Tha am beatha cudromach fhèin.
Às aonais 'mas', 'agus' no 'ach' idir,
ge be cò sinne,
no càite, no cò às a tha sinne.

Tha e cudromach gun
gabh sinn uile ris,
gun aidich sinn,
gun can sinn seo;
nas cudromaiche fiù 's, gun creid sinn
na chanas sinn gu dùrachdach;

agus, as cudromaiche,
gun cuir sinn an gnìomh
gach là, leis gach smuain,
modh-labhairt, modh-sgrìobhaidh,
beus agus giùlan

18 Black Lives Matter

To all my colleagues in the United Nations and the Commonwealth

That black lives matter
is not to be denied
nor hedged about
with qualifications;
nor can it be
overstated.

Their lives are of paramount importance.
No 'ifs', 'ands' or 'buts',
no matter who we are,
or where, or where we are from.

It matters that
we all accept this,
admit it,
say it;
it matters more that we believe it
and sincerely mean what we say;

and it matters most
that we act upon it
every day, with our every thought,
word spoken, word written,
demeanour and behaviour

gu mothachail
gu seasmhach
gu cogaiseach
gu h-umhail.

Is mithich dhuinn,
is seach tìde.

consciously
consistently
conscientiously
humbly.

High time we did so,
and not before time.

19 Cuthag-Nasobem Bhaile-Leathach

Sùil òrail, sùil eile liomaid-uaine
agus eadarra, an àite sròine,
treas sùil Cyclops òmar-bhuidhe,
mar sholas-lorgaidh:
sigeach, amaiseach,
no-thròcaireadh.

Nasobem ar linn
ga shònrachadh fhèin
mar chumhachdair-caithris
is saoighlear
uil-fhiosrach
uil-fhradharcach.

Latha aoibhneach
dhan robh an saoghal
bhiomaid dìomhair,
bhiodh cagair eadarainn.
Cha sgeul-rùin e
's fios aig triùir e
– aig saoghal e –

Nasobem didseatach,
cuthag cruaidh-chridheach
ann an nid ar smuaintean,
gar mùchadh.

19 Midwich Cuckoo-Noseybeam[12]

One golden eye, one lemon-yellow
and in between
an amber Cyclops-eye
where a nose would have been:
like a sly, accurate,
pitiless searchlight.

Noseybeam of our era
self-appointed as
surveillance agent
and our all-seeing
all-knowing
jailer.

Once upon
a blissful time
we were private,
had our mysteries.
Nothing is secret
If known to more than two –
then the whole world knows.

Digital Noseybeam,
cold, callous cuckoo
in our thoughts' nest,
suffocating us.

---

[12] This poem takes its inspiration from two surrealist works, the light-hearted poem 'Das Nasobem' by Christian Morgenstern; and the altogether darker novel 'The Midwich Cuckoos' by John Wyndham.

20 Dobrou Noc – Oidhche Mhath

Bha sibh a' dùnadh a' bhothain-bhùthain agaibh
làn ghòlaidean-fiodha snaighte le làimh,
fo na boghachan aig bun drochaid Theàrlaich
anmoch air oidhche samhraidh.

Bha baile Phràg ceart cho do-chreidsinneach bòidheach
's a bha e fada ro thrang le luchd-turais,
is cuid dhiubh dì-measail, mì-mhodhail.

Bha sinne a' coiseachd thar na drochaid
ann an neul taitneach,
nuair a mhothaich mi sibh –
a' cromadh, claoidhte.

Thachair ur sùilean ri mo shùilean fhèin
agus rinn mi gàire co-fhaireachdainn
gun fhiosta dhomh fhìn.
'Dobrou noc', thuirt mi
'tha sibh a' coimhead cianail sgìth!'

'Tha is mi!' fhreagair sibhse.
'Tha mi air a bhith ag obair gun stad
rè trì seachdainean.
Ach bheir airgead an t-samhraidh
mo chuid chloinne tron gheamraidh
sa bhaile bheag agam air an dùthaich.
Mar sin 's fheudar dhomh saoithrich,
agus – seadh – tha mi gu dearbh sgìth.

Snog, gun do mhothaich cuideigin…
Dobrou noc dhuibhse cuideachd!'

20   Dobrou Noc – Goodnight

You were closing your little market stall
full of small hand-carved wooden trinkets,
under the arches at the foot of Charles Bridge
late one summer evening.

The city of Prague was enchantingly beautiful,
but it was over-run by tourists –
and some lacked all respect or courtesy.

We were ambling over the bridge
in a pleasant reverie,
when I caught sight of you –
drooping, exhausted.

Your eyes met my gaze
and I smiled in sympathy,
unconsciously.
'Dobrou noc', I said
'you look awfully tired!'

"And I am!' you replied.
'I've been working without a rest
for three weeks now.
But the summer's tourist-money
gets my children through the winter
in my village in the country.
So I have to toil ceaselessly now
and – yes – I really am tired.

It's nice someone noticed…
Dobrou noc to you too!'

21 χελιδόνια – Chelidonia: Gòbhlain-gaoithe

Thill iad dhan dearbh nead
far an do ghuradh iad
an-uiridh,
fo sgiobhal
seòmar a' phailm
ann an lùchairt Knossos.

Far an deach an ìomhaigh fhèin
a pheantadh air na ballachan
o chionn trithead linn –
a' dìreadh dhan adhar
gu ruige Aphrodite,
's iad spiorad shaoirse
thaitneach is naomh dhi.

Chelidonia buan-bheò
air sgèith
astar far ar tuigse
is gu sìor:
mar a bha, mar a tha
is mar a bhios.

21 χελιδόνια – Chelidonia: Swallows

They returned to the very same nest
where they hatched
last year,
under the eaves
of the palm room
in the palace of Knossos.

Where their exact image
was painted on the walls
thirty centuries ago –
soaring skywards
towards Aphrodite
sacred and joyful to her,
the spirit of freedom.

Chelidonia ever-living
on the wing
over distances beyond our ken
without cease:
as was, is
and always will be.

22 Boustrophedon –> "Bò a' tionndaidh"

chòisicheadh a' bhò fad' aon chlais, is an uair sin
thionndaidheadh gus an dàrna clais a threabhadh air ais
ais air threabhadh a clais dàrna gus an tionndaidheadh … no?....
hdaehdiadnnoit na sug anràd siacl a hdahbaerht ria sia

Ach cha bhiodh a' bhò a' cleachdadh beàrnan eadar faclan,
   is mar sin:
hdaehdiadnnoitnasuganràdsiaclahdahbaehtriasia

Bhiodh cànan-eòlaichean, mìltean bhliadhnachan as dèidh,
ga fhuasgladh gu dealasach le brìgh:
'Nid Dhia a-nochd sùgradh seoclaid an dà bhàt' ri Asia.'

Ach cha b' urrainn dhaibh an còd a mhineachadh, am b' e
LinearGàidhla an dearbh chànan ri LinearBeurlig.

Lean LinearA gach oidhirp
gus fhuasgladh a dhiùltadh,
oir chaidh a' sgrìobhadh
le brathadair-tairbh, a' bùireadh an tòir air na bà,
is fadachd air, 's fo mhisg.

22   Boustrophedon -> "Ox-turning"[13]

the cow would tread the length of one furrow, and then
would turn to plough the second furrow returning back
back returning furrow second the plough to turn would … or?..
kcab gninruter worruf dnoces eht hguolp ot nrut dluow

But the cow did not use spaces between words, and thus:
kcabgninruterworrufdnocesehthguoplotnrutdluow

Language-scholars millennia later
would earnestly decipher this to mean:
'Cabin router war of noses eight go plot en route loo.'

But they were unable to crack the secret of whether
LinearGàidhla was the same language as LinearBeurlig.

LinearA persisted in defying
all efforts at decipherment,
as it had been written
by a rutting spying bull,
which was drunk and bored, and on the pull.

---

[13]   Bàrdachd (no rosg) sgrìobhte le loidhnichean mu seach gu deas is gu clì –
poetry (or prose) written with lines alternating left-to-right and right-to-left

The Seventh Wave

23 Dàn Hyperion

Famhair-bàird truagh,
  Hölderlin, sàr-ealanta;
    glaiste ro thràth mar bhalach òg 's gu cian
     am bròn borb; an gaol caillte athar nach maireann.
  Fo dhraoidh le sgeulachdan
    agus aislingean glòir na seann Ghrèig,
     teichidh e ann an geas is co-fhurtachd.

   Nì am bàrd cugallach pearsa ùr dha fhèin – Hyperion,
    gus a phian a smàladh le fadachd a Cheòlraidh,
   Diotima, ban-fheallsanaiche, bana-bhàrd;
  saoidh is anam-charaid dha,
companach a bhruadaran.

Abair mìorbhailt – tha i beò! – is a' losgadh
  leis an dearbh ghaol dhealasach.
    Gidheadh: is i na bean do dhuin' eile cheana.

  A-nis tha Hyperion ann an cunnart
tha inntinn a' call a slighe, a meidh;
    sgòthan dorcha a' tilg faileasan air anam.

23 Hyperion's Fate-Poem[14]

    The poor deranged poet genius
        Hölderlin – so prodigiously talented;
            forever trapped in a child's untimely
                cruel grief: his lost father's love.
                    Entranced by stories and dreams
                      of the glories of ancient Greece,
                          bewitched and consoled, he escapes into them.

            The fragile bard remakes himself – as Hyperion,
        to smother his pain with his yearned-for Muse,
      Diotima, the philosopher, and poet;
    his guiding seer, soul-mate
and companion of his visions.

And – magically – she lives! – burns
    with the same fervent passionate love.
        Yet: she is already wife to another man.

        And now, Hyperion's precarious
mind is losing its way, its balance;
                darkening clouds cast shadows in his soul.

---

[14] This poem was inspired by Friedrich Hölderlin's 'Hyperions Schicksalslied'.

        A' caradh gu cas sìos
        thar sgeire, staic, sliabh, an taom-boile
      san eas neo-thròcaireach cèill-caillte.
    'S esan a' sìneadh a ghàirdean suas gu Parnassus,
   a' guidhe air Diotima caidreamh brìgh na bàrdachd,
is saoradh on chath-inntinn.

Ach thig fhathast   sruth a dhàin,
   an solas is teine,   a' dòrtadh às a chràdh,
    àmhghar àlainn a bhàrdachd, à fulangas anaim;
   ach a chorp   a' sìor-thùirling
   sìos thar   bhras-shruthan 's creagan,
    an toinnidh   allaidh,   faoin.

       A' sìor-thuiteam   sìos is sìos   gu bras
      gu mì-chinnt,   feannadh
       agus gu sìth   deireannach
      gu   sìorraidh:
       neonitheachd.

He is tumbling headlong down
the cliff-face of encroaching madness,
in the relentless waterfall of insanity.
His arms, outstretched upward to Parnassus,
implore Diotima's embrace in poetry's essence,
and release from his raging mad mind.

Still the searing,   luminous poems
   pour forth from him,   exquisite verses from
his tortured soul, an agony of loveliness;
     even as his body tumbles down the rocks and rapids,
thrashing blindly,   wildly,   in vain.

    Ever   on   downwards   he plummets –
       to   uncertainty,   obliteration
     and ultimate   peace:
   in   everlasting
nothingness.

24 Bàs Herakleitos[15]

Thug teachdaire mì-shealbhach orm buille searbh cruaidh
a' cur an cèill do bhàis, a dh'fhàg fo thùirse mi 's fo ghruaim;
is shil na deòir bhom shùilean, a' cuimhneachadh ar sgeòil
aig tràth-tuirling na grèine, caith' le briathran ar beòil.

'S ged tha thu, Herakleitos, sìor-shìnt, 's fad uaire nad thost,
is boiseag de luaithre liath thu, a laoich, fon fhòid, aig fois;
cluinn ceilear fhathast do bhinn-eòin, air sgèithe thar nan neòil;
's cha ghlac an t-eug do spideagan – do ghuth', do dhàin, do cheòl.

Dreachd tùsail san t-Seann-Ghreugais le Kallimachos[16]

Εἶπέ τις, Ἡράκλειτε, τεὸν μόρον ἐς δέ με δάκρυ
 ἤγαγεν ἐμνήσθην δ' ὁσσάκις ἀμφότεροι
ἡέλιον λέσχῃ κατεδύσαμεν. ἀλλὰ σὺ μέν που,
 ξεῖν' Ἁλικαρνησεῦ, τετράπαλαι σποδιή,
αἱ δὲ τεαὶ ζώουσιν ἀηδόνες, ᾗσιν ὁ πάντων
 ἁρπακτὴς Ἀίδης οὐκ ἐπὶ χεῖρα βαλεῖ.

---

[15] Eadar-theangachadh gu Gàidhlig – Gaelic translation of the Greek and English, for sung performance, le/by Sandaidh NicDhòmhnaill Jones
[16] Kallimachos XXXIV G-P (A.P.7.80)

24 The Death of Heraclitus[17]

They told me, Heraclitus, they told me you were dead;
They brought me bitter news to hear and bitter tears to shed;
I wept, as I remembered, how often you and I
Had tired the sun with talking, and sent him down the sky.

And now that thou art lying, my dear old Carian guest,
A handful of grey ashes, long, long ago at rest,
Still are thy pleasant voices, thy nightingales, awake;
For Death, he taketh all away, but them he cannot take.

---

[17] Eadar-theangachadh gu Beurla le William Johnson Cory (1823-1892)

25   Dàibhidh na Creige Gile[18]

Rann 1
"Thoiribh dhomh mo chruit" thuirt Dàibhidh, "is cuiream i air gleus;
Seinneam, mus eug mi, ceòl binn oirr' agus fonn.
Dùisgibh, mo mheuran, is teannaibh ris an teud:
Dhia! Ur beannachd air mo bhanntrach is clann.

Rann 2
Chuala mi guth aingil a-raoir, ag aithris an sgeul:
"A Dhàibhidh, till dhachaigh, is cluich feadh gach gleann."
Tus', a chruit m' òige! Mo shoraidh ri do theud:
Dhia! Ur beannachd air mo bhanntrach is clann."

25   Dafydd y Garreg Wen[19]

Pennill 1
"Cariwch," medd Dafydd, "fy nhelyn i mi
Ceisiaf cyn marw roi tôn arni hi.
Codwch fy nwylau i gyrraedd y tant:
Duw a'ch bendithio, fy ngweddw a'm plant.

Pennill 2
Neithiwr mi glwais lais angel fel hyn:
"Dafydd, tyrd adref a chwarae trwy'r glyn."
Delyn fy mebyd! Ffarwél i dy dant;
Duw a'ch bendithio, fy ngweddw a'm plant."

---

[18] Eadar-theangachadh gu Gàidhlig – Gaelic translation for sung performance –
le/by Sandaidh NicDhòmhnaill Jones

[19] Òran à Beul-aithris na Cuimris/ Cân Tradoddiadol Cymraeg: Tune by Welsh harpist
David Owen (1712-1741); Welsh words by bard John Ceiriog Hughes (1832-1887)

25 David of the White Rock

Verse 1
"Bring," said David, "my harp to me,
And I will try, before I die, to offer a tune on it.
Awaken, my fingers, and approach the strings:
Lord, your blessing on my widow and my children.

Verse 2
Last night I heard the voice of an angel, thus:
"David, turn home and play throughout the glens."
Harp of my childhood! Farewell to your strings:
Lord, your blessing on my widow and my children."

V Bàird is Filidheachd II

26 An Seachdamh Tonn – Dàn Tiotal an Leabhair

Rann 1
Thigibh air bòrd, a mhnathan ròghnaicht',
bìrlinn nam bana-bhàrd 's an Ceòlraidh,
's fo a bòid: bheir 'n Seachdamh Tonn -
an stuadh as treas', as àirde –
gu sàbhailte sibh thar bàirlinn
gu ceann-uidh' geallaichte do bhàrdachd
nam bana-shonn.

Rann 2
Thigibh air bòrd, agus uidheamaid!
Sinn a thogas na siùil fionn-airgid,
's a ghlacas ràmh an òir!
Seòlaidh sgioba treun bhan-fhilidh
le dian-athchuing' ar cinnidh
son triall na luinge beannaicht'
is mar bu chòir.

Rann 3
Sheòladh gach tè dhinn thar sàile,
ann an sgoth, bàrc, eathar, bàta,
leath' fhèin air bàrr nan stuadh.
Ach, piuthar mar ri piuthar,
bidh cabhlach bhan nas lùthmhoir'
toirt misneachd, fianais, is fiughair
ri neart ar buadh.

V Bards and Poetry II

26 The Seventh Wave – Title-Piece of the Collection

Verse 1
Come aboard, chosen crew of women;
board the female bards' galley, and hear
your Muses' Oath: the Seventh Wave –
the highest, most powerful surge –
will bear you safely over the seas
to the destination promised to
poet-heroines.

Verse 2
Come aboard! Let us rig her, trim her.
We will hoist her silver-white sails,
we ply her golden oars!
The crew of brave bard-women sets sail,
entreating our ancestors
to grant an auspicious voyage
and bless our ship.

Verse 3
Each of us used to set to sea
rowing her own little skiff or barque,
alone on the surging waves.
But with sisters at our sides,
the navy of women is stronger.
We testify, respect, support
and nurture talent.

Rann 4
Diùltamaid sgeig, casg, is cnap-starra,
's an dearmaid a chuir oirnn ro fhada
fir ceannsail – 's mòr am beud!
Nàir' air an tàmailt dhòrainneach;
cha cheannas nam fear ro-òrdaichte,
ach 's mithich dìon dhleas-chòirichean
nam bana-sheud.

Rann 5
Sgrìobh! Cha robh ach seachdnar dhinne:
is tearc na bana-bhàird, thar linne,
– ro thearc! – a thog an crùn.
Sgrìobh! Ban-fhàidh is saoidh thu;
is tùsanach, 's chan aoigh thu
an tìr nam bàrd; ban-draoidh thu,
's an dàn do rùn.

Rann 6
Bheir lùths gach Seachdaimh Tuinne
roid ùr is spreigeadh dhuinne
nar bìrlinn-bàrdachd chòir.
San t-slige phailt tha rùm gu leòr
son uimhir dhinne ceart cho mòr
's a thoilleas brìgh is beartas-stòr
ar dàn: ar treòir.

Verse 4
Let us reject men's jibes and obstructions,
their scornful disparagement
painfully long inflicted.
Shame on their detraction;
their dominance is not pre-ordained,
high time women's gifts were accorded
due recognition.

Verse 5
So: write! Only seven female bards
in a hundred years have
won the crown – too rarely!
Write! You are worthy, learned, wise;
a citizen of bard-land, not a visitor;
a druidess, a seer pre-destined
to poetry, our art.

Verse 6
The strength of every Seventh Wave
drives our brave bardic galley on
with energy and verve.
There is ample room on board
for all of us who earned our berth
through rich and powerful poetry
and guiding power.

Rann 7
Ràinig ar long a ceart cheann-uidhe,
ag acair am fèath a' chala-guidhe,
's fhuair dàn na mnà a fonn
am pòsadh grinn – is binn an fhuaim,
air fadadh leis ar Ceòlraidh smuain.
Is coileanta sàr-bhòid a' chuain:
an Seachdamh Tonn.

Verse 7

Our ship has reached her destined port,
drops anchor in the sheltered haven.
Our women's verse and artful tunes
sing out their sweet response
to the Muses' lightning spark.
The sea fulfils its solemn Oath:
The Seventh Wave.

VI Eòlas-Beatha nam Ban

27 Gaineamh an t-Sathara

Chaill mi ann an gaineamh an t-Sathara thu.

Mise air turas-gnothaich
ann an Nigeria san Fhaoilleach,
agus Harmattan air ceò
buidhe-donn euslainteach
a thilg air Lagos,
a' crochadh san adhar
mar bhrat trom
do-fhaicsinneachd.

Thusa a' cur gairm-fòn thugam
le do bhrath-naidheachd sona
gun robh thu fo ghealladh-pòsaidh
o chionn goirid.

'S ged a bha teas Afraga
gam chruadhachadh,
shàthaich bioran fuar-reòthta
tro mo chridhe.
Theannaich a Harmattan,
an smùid odhar gam mhùchadh
a cheò tiugh gam dhalladh.

VI Women's Lives

27 Sahara Sands

I lost you in the sands of the Sahara.

On a business trip
to Nigeria one January,
when the Harmattan had cast
a sickly yellow-brown
mist over Lagos,
hanging heavily
in the air like a drape
of invisibility.

And then came a call from you
to break the happy news
of your having recently
become engaged.

And even though the African heat
was scorching me,
an ice-cold needle
pierced my heart.
The Harmattan enfolded me,
Its dun haze suffocating me,
thick mist blinding me.

Boillsg cinnt air deireadh;
fèin-agartas
nach robh mi air
do thairgse theagmhach
a thuigsinn no nach do dhùraig mi
a chreidsinn
leth-dhusan bliadhna roimhe.

Bàs dòchais san fhàsach.

Chaill mi an gaineamh an t-Shathara thu
uair dhan robh saoghal
a dh'fhaodadh a bhith…..

A flash of certainty, too late;
self-reproach
that I had not
understood
or dared to believe
your tentative proposal
half a dozen years before.

Hope died in the desert.

I lost you in the sands of the Sahara
once upon a time
that might have been…

28 An Dithis Mhòrag[20]

Chan eil mi gur creidsinn, Alasdair:
cha b' e dithis Mhòrag a bh' ann idir.

Bhiodh sibh a' dos-dùrdail gun stad
le ùrlar, siubhal agus crùn-luath
ann an samhlaichean blàthmhor,
agus ceàrd-eòlas glic a' bhàird –
uaim agus amas.
Thòrr sibh an t-uamhas
mhànrain mhì-choltach
a' moladh ur n-àilleagan Mòraig, 'gur milis Mòrag':
reul nan cailean diadhaidh agus cùbhraidh,
gar tolladh gu bàs le a subhailc
agus a maise gun choimeas.

Mar sin thug sibh iongantas is amharas mòr oirnn,
leis cho obaig sa thàinig car ur cridhe.
Chaith sibh cha mhòr na h-uimhir anail
agus canntaireachd-cabaireachd
ann an deannal-boile puinnseanta air ur pìob,
a' màbadh 's a dùsgadh donas do strìopaich
fheòlmhoir, fhòtasaich, ghràineil, ghrànnda, mhalcaich:
air an robh – le tuiteamas uaigealta –
cuideachd Mòrag ....

---

[20] An dùnadh air fonn 'Gur Milis Mòrag'

28   The Two Mòrags[21]

I don't believe you, Alasdair:
there never were two Mòrags.

You droned endlessly on
with piping ground, variation, crùn-luath,
in flowery metaphors,
and clever tricks of the bardic trade –
assonance, alliteration.
You piled up an increasingly improbable
enormity of blandishments
in praise of your jewel Mòrag, 'so sweet this Mòrag':
this divine and fragrant paragon of womanhood,
boring us rigid with her virtues
and unparalleled pulchritude.

But then came your
suspiciously abrupt volte-face.
You expended almost as much breath
and chanter-chuntering
in a demented bout of the poison-pipes,
vilifying and denouncing
a vulgar, putrescent, hideous, lascivious
loathsome whore: who was –
by weird coincidence – also
called Mòrag.......

---

[21]   Epilogue to the tune 'How Sweet is Mòrag'.

Cha robh riamh ach aon Mhòrag a-mhàin;
ach b' urra leatha fhèin i.
Cha do dh'atharraich
Mòrag seo taitneach, sunndach, sgafanta
agus – is dòcha – dàna.

Ach dh'fhaodadh nach do strìochd i dhuibh,
no nas miosa, gun tug i math-ghean ri ur brìodail,
ach mhùthaich i a h-inntinn; no –
air nach gabhadh ur maitheanas –
b' fheàrr leatha fear eile
(agus bha sibhse – san dol seachad – a cheana pòsta).
Mar sin thionndaidh buaireadh ur feòla
gu tàir is fuath; b' fheudar dhuibh
tuaileas is smal maireannach
a thilg oirre, air a' chlàr.

Chan eil corraich san Ifrinn leithid feirge-filidh
's e ag iomairt peann-ite mar ghath nimheil,
a chum cliù teachdail
na mnà dalma leis an d' fhuair e
a dhiùltadh.

Abair alt snasail gleusta air an dà dhàn seo agaibh:
bu chinnteach gun do choisinn sibh
an fharpais pìobaireachd nur macmeanmna.
Ochòin! – sgrìobh sibhs' is ur sgoltadh-inntinn
brasailt eud gamhlasaich 's connain neo-dhìolta;
is thaisbean i ur fìrinn mhì-chàilear.

There was only ever one Mòrag;
but she was her own person.
This alluring, spirited, feisty
and – perhaps – adventurous
Mòrag didn't change.

Instead, she may have spurned you,
or worse, humoured your wooing,
but then thought better;
or – unforgivably, to you –
favoured another man
(and – just in passing – you were already married).
So your infatuation turned
to scorn and hatred;
you had to defame her character
for the record, in perpetuity.

Hell hath no fury like a male poet spurned,
wielding his ink-quill like a poison-dart
to sully, for all posterity, the reputation
of a woman with the temerity
to reject him.

That brace of poems of yours – so polished
and technically accomplished: no doubt they won
your imaginary piping competition.
But alas! – your schizophrenic paean
of jealous spite and unrequited lust
reveals your troubling truth.

Chan eil sin a' coimhead ro shnog, Alasdair.
B' e gliocas a bh' air Mòrag
ath-bhreithneachadh air càirdeas ruibh.
's mo bharailse gur toil leam i – is a dàn....

"Cha dithis Mòrag,
cha mhilis Mòrag
cha dìbhlidh Mòrag,
no airidh air gràin.

Cha nighean Eubha,
chan aingil no bèist-sa;
's tha còir dhi fa leth-sa,
air a saorsa is gnàth."

It's not a very becoming look, Alasdair.
Your Mòrag was wise to have
second thoughts about you.
I think I rather like her – and her song….

"There's just the one Mòrag,
not infeasibly gorgeous;
but neither Eve's daughter,
for you to revile.

She's not base or unworthy,
nor saintly, just normal.
Let her be her own person,
by rights – and in style."

29   An Dàn Liath[22]

Mo chomhairle do na gillean
is anabàrr-sannt a' bhodain:
thoir aire taitneach air a br *xxxxx* n,
's thoir togair dhi is sodan!

Na lorg a-mhain do reachd,
'ille fhèineil! Gèillidh tu
tè a bha airidh air a tlachd
do dh'fhear eil' a bheir dhi tlus.

---

[22] Cha mhòr nach tuirt mi e! – I nearly said it!

29 The Light Blue Poem

To selfish lads my counsel's this –
just curb your greedy little prick:
show interest in her cl xxxxx s,
and be kind: it does the trick!

If you alone want all the fun,
fool, you've misunderstood!
She'll leave you for a kinder man
who'll offer her sex that's good.

30 Co-dhùnadh

Guth na ceann a' cagar dhi
a' cheist as dorra riamh,
ach nach gabhadh diùltadh;
oir sheas i aig crìochan
fulangas anama.

"Am biodh e na b' fheàrr
a bhith nad aonar an còrr de do bheatha,
na cumail pòsta ris an fhear seo,
a chuireas sìos gun stad ort
gus do chur fo cheannsal?

Nam biodh: feumaidh tu dorsan
prìosan a' phòsaidh seo a sgoltadh,
is teicheadh air casan clise
le rùn calma, 's gun ghrad-amhairc
idir às do dhèidh."

Sheas i mar reòthta
air stairsneach co-dhùnaidh;
leum thar crìochan
a pòsaidh fhalaimh,
's a dhùnadh. Dealachadh.

Thagh i na crìochan ùra
taobh a-muigh – taobh thall.

30 Decision

A voice in her head whispering to her
the gravest question ever
from which there was no escaping;
for she stood at the farthest boundary
of soul-suffering.

"Would it be better
to be alone for the rest of your life,
than to stay married to this man,
who constantly derides you
and seeks to subjugate you?

If it would be: then you must
sunder the gates of this marriage-prison,
and flee on nimble feet
with steady intent, and with never
a backward glance."

She stood frozen there
on the threshold of resolve;
to leap beyond the boundaries
of her marriage-desert,
and finish it. Divorce.

She chose those new boundaries
Outside – on the other side.

Dòchas, ach bacadh;
amasan, ach cnapan-starra.
A miann a' tuisleadh air clachan eagail,
cogais, fèin-teagaimh, is tàmailt
a thilg i oirre fhèin.

Ach am broinn nan crìochan ùra
nochd faite-gàire air aghaidh na tìre:
àrainn saoraidh, sona, suaimhneach,
taitneach, tarraingeach, truacanta.

Crìochan caoine, cùis a buidheachais
là chruaidh na h-ioma-chomhairle
o chionn còrr is fichead bliadhna;
is gus an là an-diugh fhèin.

Hope, but hindrance;
Objectives, but obstacles
Her purposefulness tripping on the stones
of fear, conscience, self-doubt, and
self-reproach.

But within those new boundaries
a smile was spreading across the landscape:
a liberating, light-spirited, contented place,
attractive, appealing, compassionate.

Gentle boundaries, source of her gratitude
from that cruel day of indecision
over twenty years ago;
and still to this present day.

31 Aisling thar an Sgàthain

Bhris Aisling an sgàthan.
Cus cabhaig oirre
gus sealladh brèagha fhaicinn;
chaill i a meidh is thuit i
an aghaidh sgàthan mòr.

Clisgeadh a bh' air Aisling.
Gaoir iomagain; leis cho mì-shealbhach
's a tha sgàthan briste.

"Dè thachras?" dh'fhaighnich i
dhen mhnaoi a chunnaic i
sa phannal-gloinne. Clisgeadh uair eile:
oir b' àbhaist dhi coimhead air
a h-ìomhaigh cheart is sgiobalta
anns an sgàthan.

Ach sheall tè eile a-mach
's air ais an aghaidh Aisling,
tè beagan fiaraichte
le strìoch is sgoilteadh oirre,
a fhreagair tro bheul car cam:
"Chì thu mar a tha thu
nas soilleire tron chnac-sgàthain –
mì-choileanta a-nis, ach nas onaraiche."

31 Aisling beyond the Looking-Glass

Aisling broke the mirror:
in too much haste
to see a fine view,
she lost her balance and
fell into the looking-glass.

Aisling had a shock,
felt a shiver of anxiety; a broken mirror
is very inauspicious.

"What will happen?" she asked
the woman she saw
in the glass panel. Another fright:
for she was used to looking at
her own accurate, tidy image
in the mirror.

But another woman was staring
out and back into Aisling's face;
a woman somewhat distorted
by fissures and cracks, who replied,
through a slightly twisted mouth:
"You see more clearly
how you really are
through this fissured mirror –
less perfect now, but more honest."

Cosmhalachd beagan mealltach
mnà no-aithnichte, ach coltach
ri Aisling, 's a' coimhead caomh is glic
le creimis agus preasan air a h-aodann,
is faite-gàire crom a' cagair dhi:
"Seo dhut an Aisling agad ri teachd.
Tuigidh tu cò thusa thar an sgàthain;
's chan ann ged tha e briste,
ach air sgàth 's gu bheil.

Thig an fhìrinn a-mach le tubaist:
bi sìthte, Aisling; cha chùis eagail."

Slightly deceptive in appearance,
an unfamiliar woman, but similar
to Aisling, and looking kind and wise;
with a few wrinkles and creases on her face,
and whispering, with a slightly warped smile:
"This is your future you, your Aisling-dream.
Understand who you are beyond the mirror;
and not although it's broken,
but because it is.

Truth comes out by accident:
be consoled, Aisling: no cause for fear."

32 Glas is Liath

On a thòisich deuchainn glasadh-sluaigh
is oillteil cor m' fhuilt, o mo thruaigh'!
a' sìor fhàs nas fhaide,
nas lèithe, iol-dathte –
tha droch-staid mo shnuaidh ro chruaidh!

Rè na mìosan èiginn' seo chaidh
's sinn fo òrdugh gun ghluasad bhon taigh,
's a' fàs cleigeach, nar rù-rà
gun chòmhdhail-gruagair' –
's iad cuideachd an glasadh a-staigh!

Cho peallach ri Medusa 's mo ghruag-sa,
's mi a' coimhead cho sean ri Metùsala.
Mar phioghaid mo chnuaic
no mar stiall a' bhruic,
's cruaidh-fheum dhomh a dhol chun na buana.

Nam bithinn nam fhear, b' e mo dhlighe
a ghabhail orm mar bhithinn nam thriath,
nam b' airgead mo bhathais,
's mi a' coimhead cho barraicht',
bhithinn moiteil às m' aois, 's mi cho liath.

32 Greying Locks

Since the start of this grievous 'down-locking'
the state of my hair is just shocking!
It's straggling and greying,
discoloured and fraying –
I'm a sore sight, fit only for mocking!

Six long months, while this lockdown endures –
with the hairdressers holed up indoors –
my hair defies brush and comb
while imprisoned at home;
I'm a mess, and I need my coiffeuse!

I've become a bedraggled Medusa,
in sore need of a prune to reduce her
magpie-striped, piebald
badger-locks that draw ribald
remarks: "You look as old as Methuselah!"

Were I male and old, I'd feel entitled
to behave as though noble and titled;
with their temples silver-ish
men are 'disting-u-ished',
and allowed to be proud their hair's whitened.

Ach – ri innse dhuibh fìrinn mo chridhe –
is cailleach mi, 's a' fàs cleachdte rithe!
Lem fhalt liath a' toirt teist air
fiach slighe mo bheatha,
tha mi toilichte – gonadh! – 's fhathast brèagha!

Chìthte, tha mi sìtht' a bhith liath;
is bithear mar bhithear – taing do Dhia!

But – gents, listen! – the honest truth's thus:
'd'un certain âge', women aren't fussed!
Yes, we're silver – from lives spent
well and fully – so we're content
not to look like the back of a bus.

So, flaunt it – I'm at peace with my grey:
thank heavens – let it be as it may!

33 Rabhadh: "Nuair a Bhios Mi Sean, Cuiridh Mi Purpaidh Orm"

An aire dhuibh! – nuair bhios mi sean,
nam chaillich is nam sheana-bhean,
gur purpaidh mo dhreasa,
's mi fhìn fàs nas treasa
is mì-umhaile! – nuair bhios mi sean.

Cuiridh mi orm ad dhearg
is diùltaidh mi nàire no fearg
bho chàch! – bidh mi coma
mun strì-dhathan dona
nuair a bhios mi buileach air searg.

Chan èist mi ri comhairle no beachd:
guidheam gun ruith mi à smachd!
Leis an tìd' a' fàs nas giorra,
dh'iarrainn sùgradh is mire
nam chuimhne, sna làithean ri teachd.

Òlaidh mi pailt uisge-beath'
is cus branndaidh – nach mis' coma dheth!
Bidh mi aost', bidh mi liath
a' fàs preasach is mèath,
ag ith' isbeanan, ìm is soufflé.

33   Warning: "When I am Old, I Shall Wear Purple"[23]

Caution! When I'm an old crone,
an elderly hag, overgrown,
I'll wear purple dress,
and be truculent – yes! –
an old rebel, on terms of my own.

I will also don a red hat:
as for censure, I won't give a dash!
When I'm shrivelled and worn,
I will laugh at folk's scorn
that my colours so luridly clash.

If you think to advise or gainsay
me, that's unwise, for I'll disobey!
With my sands running dry
I want laughter and joy
for my memories of my liberté.

I'll plentiful whisky imbibe
And brandy too – why be denied!?
I'll grow ancient and grey,
I'll wrinkle and fray,
feast on sausages, cream and soufflé!

---

[23] This poem was Inspired by: 'Warning: When I am old I shall wear purple' by Jenny Joseph (1932 – 2018), written in 1961 when she was aged 29; published in 1997.

'S ged a dh'fhàsas mi aost', mean air mhean,
leanaidh mi fhathast an deagh ghean
le mo chuid fealla-dhà
ro chiaradh mo là –
dreasa purpaidh 's ad dhearg orm: 's mi sean.

So I shall stay – though growing old –
just as spirited, stroppy and bold,
with irreverent play
to lighten my day.
Purple dress, red hat – merrily old!

VII Meòrachadh

34 An Caolas eadar Sinn is Càch

Nach cianail caol an caolas
eadar na sgeirean:
Ceangal, Adhbhar, Uallach, Coire, Ciont, Tàmailt, Masladh.

Agus sinne a' cathadh is ag aiseag eadarra
thar chrìochan do-fhaicsinneach
le mar a bhreithnicheas sinn
daoine eile.

Gu mealltach caol
gu cunnartach mealltach
gu cruadal cunnartach;

agus gu cumhachdach cruadal
ar n-èiginn gus ar measadh fhèin mar ionraic
agus gus ar fìreanachadh fhèin.

Nach bochd nach eil càch saor o chiont.

VII Reflections

34   The Straits between Ourselves and Others

How woefully narrow are the straits
between the skerries:
Link, Cause, Responsibility, Blame, Guilt, Shame, Scandal.

And we drift or traverse between them
across invisible boundaries
in the way we judge
other people.

How seductively narrow
how dangerously seductive
how cruelly dangerous;

and how powerfully cruel
is our compulsion to self-exonerate
and adjudge ourselves righteous.

Such a pity that others are not blameless.

35 Grian-Stad an t-Samhraidh: 21 Ògmhìos 2020

Stad a' ghrian is thionndaidh i,
smèid a' ghealach, chliùthaich na reultan,
bhoillsg reul-chearbach mar bheannachd san iarmailt.
Ridhil an reul-chrios, dhanns na draoidhean
is thug na seann tursachan
an ùmhlachd bhalbh ghnàthaichte.
Cruinne-chè ris an robh dùil.

Bha cuirm gu bhith ann, fèilleachd
air ceann-latha sònraichte,
ann an cluaintean àlainn air bruach lochain,
fo iarmailt ròs-dhathte le laighe na grèine anmoiche.
Ach chuir galair-sgaoilte uamhasach
droch-rùn an aghaidh gàirdeachais,
is bacadh air na h-aoighean, gun iad siubhal.

Stad a' ghrian is thionndaidh i uair eile,
a cridhe trom is anam brònach,
chaoidh a' ghealach, osnaich na reultan,
is sguab na sgòthan seachad, gan cur am falach.
Chrathaich an reul-chrios; thuit
reòthadh-maoim air na draoidhean,
is thug na tursachan fianais bhrònach
air an latha as fhaide
nach comharraichte.

35 The Summer Solstice: 21 June 2020

The sun stood still and turned,
the moon winked, the stars applauded,
a comet flashed its benediction.
The galaxy pirouetted, the druids danced
and the ancient standing stones
paid silent custom-homage.
A universe in anticipation.

There was to have been a celebration,
festivities for a significant date,
in beauteous lakeside meadows
below skies rose-tinted by the late-setting sun.
But a terrible pestilence
grimly opposed such joyfulness, and
prevented the guests from journeying.

The sun stood still and turned once more
heavy of heart, sad of soul;
the moon wept, the stars sighed,
clouds over-swept and obscured them.
The galaxy shrugged; an icy alarm
seized and froze the druids,
and the stones bore sorrowing witness
that the longest day
had gone unmarked.

36 Beathachadh – Sgeulachd ann an Earrannan

Ambrosaia agus Mousa

Uisge son beatha gach creutair,
uisge-beatha do phoitear,
ceòl mar bhiadh gaoil do Dhiùc Orsino.

Manna san fhàsach,
builean is èisg do chòig mìle,
aran is fìon do dheisciopal.

Do reudan, leabhar
do leòmainn, sìoda is clòimh
do chnuimh, feòil
do ghartain, fuil
– no do Dhracula….

Bainne à cìoch màthar do phàiste,
bainne agus mil do Shion
– agus do shìthein, le cròch.

Do dhiathan, Ambrosaia.
Mousa, do bhàird.

36 Sustenance – a Story-Suite in Chapters

Ambrosia and Muse

Water for each creature's life,
whisky for the tippler,
music as the food of love for Duke Orsino.

Manna in the desert,
loaves and fishes for five thousand,
bread and wine for disciples.

For bookworms, a book
for a clothes-moth, silk and wool
for maggots, flesh
for ticks, blood
– or for Dracula....

Milk from a mother's breast for a babe,
milk and honey for Zion
– and the fairy-spirits add saffron.

For the gods, Ambrosia.
The Muse, for the bards.

Bitheantas – anabarr – gort…..

I Bitheantas
Le biadh mar bhunaid beatha
ithibh gus cumail beò,
no rachaibh à bith.
Chaochladh corp, cuisle 's cridhe
gun anail gun uisg' 's gun àraich.

II Anabarr
Mas e biadh amas-beatha,
geòcaire ag ùrnaigh don adharc-shaibhreis:
craos sanntach, corp sultmhor, cogais mheilichte
le anabharr-mhilsean;
agus anam falamh.

III Gort
Màthraichean tùrsach claoidhte
sna dùthchannan bochda gun riaghailt gun dòchas,
far a bheil ceannas aig boma is fòirneart is fatwa.
Is a' chlann a' sùghadh gu faoin air cìochan tioram na gorta,
stamagan beaga air at le acras,
sùilean fàsail, casan-maidse, craiceann seargte,
is na fangan ag iathadh mun cuairt orra os an cionn.

Commonality – gluttony - famine…..

I   Commonality
With food as the foundation of life,
eat to survive,
or cease to exist.
Body, pulse and heartbeat would cease
without breath, water or sustenance.

II   Gluttony
Since food is his purpose in life,
the glutton praying at the horn-of-plenty-altar
feeds his greedy gullet and obese body, numbing
any moderation with over-indulgence;
his soul is empty.

III   Famine
Sorrowful exhausted mothers
in poor countries, lawless and hopeless,
where bombs hold sway, and violence and fatwas.
And their children suckling in vain on the dry nipple of famine,
their little stomachs swollen and ravenous,
glassy eyes, match-stick legs, withered skin,
and the vultures on the wing, circling them overhead.

Diathan is Aois-Dàna

IV Diathan

'Αμβροσια, Ambrosaia – ann an Olympos tìr nan sìor-òg
far nach tig an a-chaoidh an aois,
's e Ambrosaia biadh nan dia.

Iadsan riaghladairean nan speuran agus na cruinne
is Ambrosia tobar draoidheachd na diadhachd ac', gu sìorraidh beò,
chan fhaigh iad bàs, chan fhàs iad sean, cha chaill iad maise.

V Aois-dàna

Μουσα, a' Cheòlraidh – beathachadh na bana-bhàrd,
a ceòlraidh agus nicmeanma,
le pathadh-dìleib a mhaireas às ar dèidh:
ceòl is cliù is cuimhne,
binneas-beòil a bheir iongantas,
soillse, brìgh is seagh.

Seinnidh Μουσα Homer mu Odysseus is Penelope
's i a' fighe 's a' fuasgladh às ùr
gach oidhche rè fhichead
le foighidinn neo-thràighte
mus till an seachranach a-nall.

Cluinnear fhathast puingean binne à cruit Orpheus:
is seòlaidh fhathast an spideag aig Herakleitos,
oir is a dàna an àil
is a h-òrain an sìol.

Gods and Poets

IV Gods

'Αμβροσια, Ambrosia – in Olympos, land of the ever-young
where old-age never comes,
Ambrosia is the food of the gods.

They are the rulers of heavens and earth:
and Ambrosia is the source of their divine magic and eternal life,
they meet no death, they age not, nor lose their beauty.

V Poets

Μουσα, Muse – nourishment of the bardess,
her muse and her inspiritess,
thirsting for a legacy that will outlast us:
verse and repute and remembrance,
sweetness of words that bestow wonderment,
clarity, meaning and import.

Homer's Μουσα will sing of Odysseus and Penelope
and her weaving and un-loosing ever anew
each night for a score of years
her patience unfailing
until the wanderer returns home.

We can still hear the sweet notes from Orpheus' lyre:
and the nightingale of Herakleitos still takes flight,
for he nurtured her poems
and her songs are their shared posterity.

37 Psyche, Dealan-Dè, Anam

Tha pathadh bòidhcheid air ar n-anamsa,
pathadh nach gabh a shàsachadh,
ach a shireas pailteas shamhlaichean
an iomadh teanga, dealbh, macmeanma:
Dealan-dè – teine-adhair, sradag diadhaich – iongnadh.

Teàrnaidh Màiri air dìthean-Spàinn, Mariposa maiseach,
mar a nì sireadair-flùir πεταλούδα lurach sa Ghrèig;
seòlaidh Farfalle san Eadailt is Papillon san Fhraing
air sgiathan sgiamhach san adhar bhlàth
rè turas fhada o Phapilio na seann-Ròimh;
's an dearbh thùs aig cuid Pilipala sa Chuimrigh,
ach cuid eile, nas càirdiche ris an co-oghaichean Gàidhlig,
Dealan-dè a' lasadh gu glas: 's iad an gual beò – y Glöyn byw.

Nì feadhainn air iteal sa Ghearmailt is Sasainn cruth-atharrachadh,
oir 's e buidsichean a th' annta, le mi-rùn ar bàrr
is ìm a ghoid: meàrlaich àlainn
am breug-riochd bòidheach
mar Schmetterling agus Butterfly:
dealbhan brèagha nan dealanan-dè iomachànach.

Gidheadh chan fhaigh am pathadh oirnn a bhàthadh fhathast,
mus teann a' chiste dlùth ruinn: oir èiridh – à slige
nam marbh, nekydalion, cochall a' chuirp
- an Dealan-dè as bòidhche, as fhìre riamh:
ψυχή na Grèig àrsaidh – ar n-anam fhèin, air sgiathan
sionnachain na sìorraidheachd. Psyche, ar dealan fhèin.

37 Psyche, Butterfly, Soul

Our souls thirst for beauty, with an aching
thirst that knows no slaking,
they seek a wealth of metaphors
in many tongues, images, imaginations:
Butterfly – Dealan-dè: 'spark of god', divine lightning – wonderment.

Maria alights upon Spanish blooms, lovely Mariposa,
as does pretty πεταλούδα, Greece's flower-seeker;
Farfalle flutter in Italy and Papillon in France
on gorgeous wings in balmy breezes
far-travelled from ancient Rome's Papilio;
the source shared by some of Wales' Pilipala
while others, in closer kinship with their Gaelic cousins,
are butterflies that burn a glowing blue: live coals, y Glöyn byw.

Some on the wing in Germany and England are shape-shifters,
witches in disguise, with naughty schemes
and plots, to raid our cream
and butter: beautiful burglars,
camouflaged as Schmetterling and Butterfly:
multi-lingual butterflies, exquisite images all.

Still our thirst goes unquenched, until the coffin approaches:
for – out of that shell of the dead, nekydalion,
the body's chrysalis – soars
the truest, loveliest butterfly ever:
ψυχή of ancient Greek – our very soul,
on eternity's phosphorescent wings. Psyche, our very spark.

38 Feallsanachd

Bha beannachd làn-fhradhairc air Aristoteles:
bhitheadh e a' mothachadh gu mionaideach.
Chunnaic e planaidean is speuran
le a shùilean a-mhàin.

Bha beannachd seallaidh goirid cruaidh air Platon:
bhitheadh e a' meòrachadh gu domhainn.
Chunnaic e comasachd is fìrinn
le a mhacmeanma a-mhàin.

38   Philosophy

Aristotle was blessed with perfect eyesight:
His practice was precise observation.
He saw planets and stars
with his naked eye.

Plato was blessed with severe myopia:
his practice was deep reflection.
He saw possibility and truth
with his bare imagination.

39 Cadal Dòchasach

Làighe na grèin',
ròs na h-oidhche,
ciaradh an là:
rionnag nan speur,
gealach as boidhche,
is camhanach nas fheàrr.

39 Hopeful Sleep

Sun's setting,
evening's blush,
the daylight fades:
stars of the heavens,
moon's silver flush
and a better dawn awaits.

40 Saor-snàmh

Bheir làithean fionnar tràth an earraich
oiteag 's fras: gidheadh –
tha 'n gairm-uisg' mar-thà gam tharraing
gus plumadh sìos!

Air cuairt ri taobh na h-aibhne,
cluinn an taomadh-bùirn gun tàmh:
thig a chuireadh is a thabhann –
's fheudar dhomh snàmh!

Bheir aisling chreutair-uisge
dhomhsa beannachd phrìseil dhaor:
's e sogan-snàimh buidseachd
dom anam shaor.

Fad' thall air àm no àite,
is sin mo dhearbh bhrìgh:
saor-snàmh aig fois san nàdar –
mo shaorsa fhìn.

40   Wild Swimming

The sunny Spring's still keen and chill
with showers, breezes, squalls.
Its waters will be fresh; yet still
the river calls.

I start to haunt the river's shore
to hear it purl and plash;
the year's first dip can wait no more –
and in I splash.

The floating drift of river lifts
my heart with its allure,
and open water's greatest gifts –
feel whole, feel pure.

In time and space suspended,
most deeply, simply me –
wild-swimming, as my soul intended –
I'm truly free.

41 Bun-Nòta

[smuain bheag air bàsmhorachd]

'S fìor thoil leam deagh bhun-nòta
sgileil, foghlaimt', seòlta:
ach b' fheàrr gum builich fada còrr na
sin ro cheann mo sgeòil-sa.

41 Footnote

[a small thought on mortality]

To a fine footnote I'm partial
but I'd rather a little more glory
than a footnote – though learned and artful[24] –
before reaching the end of my story.

---

24 Quod erat demonstrandum

VIII Eirmse is Fealla-dhà

42 Ainmeachadh Bhàtaichean

A' coiseachd seachad air
bàta-lann an tòn Shasainn
mhothaich mi seann bhàrc ri reic,
agus ainm èibhinn Gàidhlig oirre
a thug orm sgal-gàire.

Choimhead sealbhair a' bhàta-lann orm,
a shùilean gam sgrùdadh gu geur:
"Eil rudeigin èibhinn mun bhàirc sin?"

"Duilich", fhreagair mise, "an inns' mi dhuibh?
oir tha eagal orm gun lùghdaich
a h-ainm 's dòcha luach na bàirc."
"Carson? Dè cho dona 's a tha e?"
Thug mi eadar-theangachadh dha.

Esan a-nise a' lasadh le gàire:
"Thighearna! Ach tha sibh cho ceàrr 's a ghabhas –
tha a luach sa bhad a dhà uimhir!"
Bha plìon bòstail air, mar gum biodh
fios air a bhith aige bho thùs.

Thog e peann is sgrìobh e bileag-prìs ùr
leis an tionndadh Beurla oirre, a chuir e air a' bhàirc
fo h-ainm Gàidhlig 'Clachan a' choin':
'The Dog's Bollocks'.

VIII Wit and Whimsy

42 The Naming of Boats

Strolling past a boat-yard
in the South of England
I noticed an old skiff for sale
with a witty Gaelic name
that made me burst out laughing.

The boat-yard's proprietor looked at me
through narrowed, interrogating eyes:
"What's so amusing about that skiff?

"Sorry", I replied, "should I even say?
it's just I'm afraid it might reduce the sale value."
"Why? Can it be that bad?"
I translated it for him.

Then it was his turn to laugh out loud.
"O Lord! But you couldn't be more wrong –
it's immediately doubled in value!"
He'd acquired a swaggering smirk, as if
he'd known the meaning all along.

He took a pen and wrote a new price-tag,
with the English version of the name, and stuck it on the skiff,
below the Gaelic 'Clachan a' Choin':
'The Dog's Bollocks'.

43 Diogladh nan Gobhar

Le tuiteamas is gun fhiosta
ghabh mi òran 'diogladh nan gobhar',
ach bha mi airson an cunntadh, tha fhios!

rinn mi mearachd, am breislich, an Cuimris
oir tha 'cyfri' – 'cunntadh' cho faisg air 'cyffroi' – 'diogladh'
agus bha mi caran cus air bhioran!

Ach saoil, a-nise, dè thachradh?
Dè an dòigh as fheàrr gobhar a dhiogladh?
... agus carson san t-saoghal a dhiogladh tu e?

An ceadaicheadh an gobhar fiù 's gun dioglainn e?
An dèanadh e ruadhaich le nàire?
Am bithinn air a thionndadh bho bhàn gu ruadh?

A bheil e cunnartach gobhar a dhiogladh?
A bheil e fiù 's laghail, no – thighearna!
an e drùiseantachd a bhiodh sin? – gobhar liath?

An rachadh mo chur an grèim leis a' phoileas, no
mo chur air liosta dubh Comunn Dìon nan Ainmhidhean,
fo chasaid truailleadh nan gobhar neo-chiontach?

Tuigidh mi gur plàigh na gobhair, nur barail-sa
's iad a' glamhadh ur flùraichean àlainn
agus a' rùsgadh gàrradh nan lus agaibh.

43 Tickling the Goats

By accident, I sang a song
about exciting the goats – but
I meant to count them, of course!

keen learner that I am, but muddled,
I confused two similar words,
and I counted too excitedly!

But now, of course, I wonder?
How would you best excite a goat?
... and why on earth excite one!?

Would the goat even let me tickle it?
Would it blush, embarrassed? Would I
have turned a white goat red?

Is goat-exciting dangerous?
Is it even legal?
Or – heavens – porn: a blue goat?...

Would the police arrest me
or the RSPCA black-list me, on a charge
of corrupting innocent goats?

Pests, these goats are, in your view – I understand;
devouring the Nant's beautiful flowers
and stripping your vegetable garden.

Ach, ochòin! – tha gobhair Nant Gwrtheyrn
cho soganach agus èibhinn
's gu bheil mi air èiginn an gaol leotha.

Tha mi air ur gobhair a dhiogladh
an àite an cunntadh, agus mo leisgeulan:
ach tha iad air mo dhiogladh fhìn gu mear,
agus tha sinn uile a-nis air ar diogladh – pinc!

But alas, the Nant Gwrtheyrn goats
are so wildly entertaining
that I can't resist loving them.

I excited your goats,
instead of counting them – forgive!
But they have tickled me so hilariously
that now we're all just tickled – pink.

43 Cyffroi'r Geifr[25] – Original Welsh by Sandaidh NicDhòmhnaill Jones

Ar ddamwain, mi ganais i gân
am gyffroi'r geifr – ond
mi fwriadais i gyfri'r geifr, wrth gwrs!

dysgwraig frwd dw i, ond wedi drysu,
mi gyfnewidais i ddau air tebyg,
ac mi gyfrifais i yn rhy gyffrous!

Ond beth rŵan, wrth gwrs, tybed?
Beth yw'r ffordd orau i gyffroi gafr?
... a pham, ar y ddaear, cyffroi gafr!?

A fasai'r afr yn caniatáu i mi ei chyffroi hi?
Fasai hi'n gwrido 'n chwithig? Faswn i
wedi troi gafr wen yn goch?

Ydy cyffroi geifr yn beryglus?
Ydy hyd yn oed yn gyfreithiol?
Neu – nefoedd! – porn: gafr las? ...

Fasai'r heddlu yn fy arestio i,
neu faswn i wedi fy rhoi ar restr ddu'r RSPCA
wedi fy nghyhuddo o llygru geifr diniwed?

---

[25] Choisinn an dàn seo (sa Chuimris) co-fharpais sgrìobhaidh Nant Gwrtheyrn sa Lùnastal 2020. Sgrìobh am britheamh, Myrddin ap Dafydd: "Expressing humour in a poem in a first language is tricky enough, but this is a marvellously funny and clever one, in a second or third language. A bilingual contribution from a skilled writer."

Plâu ydy'r geifr, yn eich barn chi, dw i'n deall;
mi fyddan nhw'n difa blodau hyfryd y Nant,
ac yn anrheithio eich gardd lysiau chi.

Ond gwaetha'r modd, mae geifr
Nant Gwrtheyrn mor wyllt ddifyr i mi
Fel na fedra i wrthsefyll rhag eu caru nhw.

Mi gyffroais i eich geifr chi,
chyfrais i ddim ohonyn nhw – maddeuwch!
Ond maen nhw wedi fy ngogleisio yn ddoniol,
a rŵan, dan ni pawb wedi ein ticlio 'n binc.

44 Luimnichean-Meek

A Dhòmhnaill chòir, cùmaibh ur cuimse
mhìn-aoireil, macanta-puinnseant'
air cealg luchd-cumhachd
gun nàire gun truas,
le ur Luim-meekan – guth ar muinntir!

44 Donald's Limericks

Have you noticed, in recent strange weeks,
there's a new bardic form – Limer-Meeks:
their satire impeaches
politicians' breaches,
and sends the ferret of truth down their breeks.

45 Suirghe an Uilebheist

Ged a tha mi nam ghrinn-uilebheist,
a' snàmh nam aonar an Loch Nis
's mi ag ionndrainn cèile, ulaidh, ceist,
tè mheachair, gaolach, clis.

Eil' uilebheist eile san t-saoghal-sa
cho fàsail 's a tha mi fhìn?
Sa cholbh 'cridhean aonaranach'
nì mi lorg mo chèile ghrinn.

"Bu mhath le seana ghille lùbach,
lionnsgaoilidh, sgèimheach,
tachairt ri tè cheart, seang is sùbailt
son càirdeas, craic – fiù 's rèiteach?"

Eil ùidh agad? Nach dùraig thu
bileag-gaoil a thoirt rium, 's dòcha?
– no snàmh air cèilidh orm uaireigin
nam uamh! – an grean an locha."

"Tha gaol agam ort!", fhreagair tè sa bhad
"Nisich chòir, o chionn linn 's an cèin!
Nach suirigh sinn, m' eudail, is sìol sinn cladh! –
ach gu cleitheach, gaol-falaich ar roisgeul

gus an cùm sinn an sluagh fo chealg-toibhre
gur tusa nad mhìorbhail gun leithid.
Ach tig os-ìosal do mo bhoudoir 'n ath-oidhche
's mi aig bun cuairteag Choire Bhreacain!"

45 The Monster's Courtship

Though I'm a sexy old monster,
I swim sad and alone in Loch Ness,
I yearn for a sweet darling soulmate,
a beautiful, nimble, lithe lass.

Is there another old monster on earth
as lonely as I seem to be?
So, in the sad-lonely-hearts column
I'll offer, for courtship – just me!

"A bachelor, handsome and solvent,
and sinuous – wants to meet straight
single female who's honest, slim, supple –
for friendship, fun times…. married state?

Are you interested? Can you be daring?
Please send me your billet-doux d'amour!
– or swim by and visit me sometime,
in my cave on the loch's fathomless floor."

"Dear Nessie", came the instant response,
"I've loved you from afar for all time!
Let us court, let us spawn lots of Nesslets!
But our love must remain clandestine,

to preserve the world's foolish illusion
you're unique! So I secretly beckon
you tonight to my well-hidden boudoir,
and my whirlpool-jacuzzi – in Corryvreckan!"

46 Easgann Loch Nis[26]

A rèir rannsachaidh ùir –
a rèir coltais, mas fhìor –
chan eil an creutair
tha snàmh an Loch Nis
na uilebheist idir.

Mì-thuigse a bh' againn,
faoin-sgeul o bheul-aithris.
Chan e uilebheist a th' ann –
a dh'aoindeoin cò theireadh e! –
Ach: seann easgann mòr Eòrpach.

Abair sàr-easgann seòlta,
easgann sleamhain sligheach!

Gar teicheadh rè linntean
gar fàgail ann am mì-chinnt
a' gàire air ar n-imcheist,
a' cluich le ar creideas:
is a' sìor thoirt aithris is iris
is priobadh na sùla
ri a cho-oghaichean Eòrpach.

---

26 Toraidhean rannsachaidh ùir le bith-eòlaiche-mara Sealainn Nuaidh –
The result of recent research by New Zealand marine-biologists.

46 The Loch Ness Eel

According to new research –
Apparently, if true –
the creature
that swims in Loch Ness
is not a monster at all.

This was misperception,
A folk-lore fable.
It is not a monster
– gainsay it who dare! –
but an ancient huge European eel.

What a fine, wily eel,
a slippery, subtle eel!

Evading us for centuries,
leaving us uncertain,
laughing at our perplexity,
toying with our credulity:
and all the while sending
intelligence reports, and winks
to its European cousins.

Agus le cinnt:
tha an easgann airson fuireach
far a bheil i san Loch
is san roinn nas fharsaing
far an robh sìol
a sinnsearan bho thùs.

Seann uilebheist Loch Nis,
uilebheist rùnach,
draoidheil drùidhteach:
faoin-aisling àlainn
nis turach-air-thurach,
bidh sinn gad ionndrainn
gu mòr.

Ach tha an fhìrinn
nas èibhinn na uirsgeul:
nis ar fàilt' air
an easgann Eòrpach
annasach aibhseach.
Annsachd ùr na h-Albann:
fuirich!

And for certain:
this eel wants to remain
where she is in the Loch
and in the wider continent
where her ancestors spawned
in the beginning.

Old Loch Ness monster,
mysterious, moving,
magical monster:
a beautiful pipe-dream
now turned topsy-turvy.
We will miss you
greatly.

But truth is
stranger than fiction:
so now welcome to
the strange, enormous
European eel.
Scotland's new darling:
remain!

47 An Nighean à Copacobana (Òran a' Chapybara)[27]

Mòr is donn is òg is maiseach mi
'n nigh'n à Copacobana a' spaidsireachd,
sùil gach balach Rio a' stalcadh
air mo thòir.

Capybara[28] 's Carioca[29] mi,
's caipirinha 'n deoch a dh'òlas mi:
an ainmhidh shomalt' à Brasil –
'n tè as bòidhch'!

An creimeach as motha san t-saoghal mi,
le bikini beag buidh' orm, a thaghainn,
gus spreigeadh miann faoin sna fir gaolaich …

Ach gach là, nuair a thèid mi dhan tràigh,
's e snàmh a bheir tlachd dhomh is àigh…

Mòr is donn is òg is maiseach mi
'n nigh'n à Copacobana a' spaidsireachd
seachad ort, aig àm
a' Chàrnabhail,
's chan fhaic mi càch…

'S mi 'n Capybara…
'n nigh'n as àille,
is bidh gu bràth.

---

27 Air fonn Bossa Nova 'The Girl from Ipanema' – To the Bossa Nova tune of 'The Girl from Ipanema'
28 Caypybara: Beathach tùsanach Aimeireaga a Deas – Animal indigenous to South America
29 Carioca: Dùthchasach/tàmhaiche Rio de Janeiro – Native or resident of Rio de Janeiro

47 The Girl from Copacabana (The Capybara's Song)

Large and brown and young and lovely, I'm
the girl from Copacobana; I'm strutting,
and every lad's eye in Rio lusts
after me.

I'm a Capybara, a native of Rio,
a Caipirinha's my favourite tipple,
the strapping hot beast from Brazil –
for I am she!

A rodent – yes, I'm the world's largest;
in my small gold bikini, my art is
to rouse foolish men's amorous ardour…

but each day, I go down to the sea,
for a swim's the best pleasure for me…

Large and brown and young and lovely, I'm
the girl from Copacobana; I'm strutting
straight past you at
Carnival time:
there's no-one I see..

Capybara, that's me –
the loveliest girl
there will ever be.

IX Bàird is Filidheachd III

48 Cruit-Cuimhneachaidh

Air Là na Buaidhe Eòrpaich, 8 Ceitean 2020

Cha bràigh a' chruit!
Bheir i gaol is ceòl dhuit,
's ged glaist' i a-staigh
seo dhuit beannachd bhon taigh
le co-bhàidh: is seòlaidh
ar fuinn is ar ceòlraidh
le fiughair do chèile.
Is comharraicht' là-fèille
don linn romhainn, le cuimhne
is ar meas orr' as doimhne;
's don a h-uile neach-fulaing
sna làithean seo cruaidh.

IX   Bards and Poetry III

48   Harp of Commemoration
On VE day, 8 May 2020

The harp is not captive!
She sends love and music
and though locked indoors,
here's her blessing from home
with sympathy: our muses
and melodies will fly
over distance between us
to bring hope and regard.
Remember, this holiday,
those gone before, with
our deepest respect;
and those suffering now
in today's severe times.

49 Fàth

Coimisean bho Leabharlann Bàrdachd na h-Alba san Iuchar 2020
airson am pròiseact 'Gaisgich' gus Là Nàiseanta na Bàrdachd,
1 Dàmhair 2020

Mis' an lionn a dh'fhosglas
sùil-inntinn a' bhàird,
's a leigeas fhaicinn
taobhan eile
nach saoileadh tu
's nach creideadh tu.
Mis' an deoch
a lasas tèine-lèirsinn
is a dh'fhadas sradag
ro-shealladh an fhàidh.

Cuid a' creidsinn gur uisge mi
cuid, bainne-cìche,
meadh, leann, uisge-beath';
daoin' eile muir, deòir, iteodha,
cungaidh-shuaine,
grùdadh na sìorraidheachd.

A h-uile nì seo mi, agus mu seach
cha ghin dhiubh mi,
a' sìor chruth-atharrachadh.
Mise a bhuineas
do shaoghail eile nach saoilte,
agus nach buin do ghin dhiubh
no do shaoghal sam bith.

49 Vision

Commission from the Scottish Poetry Library in July 2020, for their 'Champions' project to mark National Poetry Day on 1 October 2020

I am the potion that bestows
the vision of the bard,
that discloses
other dimensions,
unimagined,
scarce believable.
I am the drink
that ignites the fiery vision
and sparks the
foresight of the seer.

Some believe I am rainwater,
others, mothers' milk,
mead, ale, whisky;
others yet think sea, tears, hemlock,
a sleeping-draught
or a distillation of eternity.

I am all of these things,
and again none of them,
constantly shapeshifting.
I belong to worlds
other and unimagined,
and to none of them
I am not of any world.

Ged is fradharc mi
chan fhaicear mi.

Mis' an deoch-eiridinn
sheunach dìomhair,
oibriche-mhiotailt
inntinn a' bhàird,
ag iomlaid luaidh gu
comhardadh an òir;
a' sgaoileadh sgleò
's a' dealrachadh deò
le caochlaideachd
bhreislich.

Is ubagaiche mi
's chì na bàird fo 'm sheun an cinnidhean,
an còmhradh eadarra,
a' bruidhinn an teangan cèine,
coigrich, ach caidrich:

ag aithris an guthan:
Calliope, Euterpe,
Circe, Cassandra,
Sappho, Homer,
a' bhan-sagart Delphi;
Artair, Merlin,
Taliesin, Gwerful
Coinneach Odhar,
Màiri, Sìleas; agus uiread
bhana-bhàrd eile airidh,
ach no-aithnichte, no-aidichte,
air an cur fo thost
le gnàthas.

I am vision, yet
am myself unseen.

I am a secret
druidical philtre,
the alchemy of
the bard's mind,
turning mere lead to
versifying gold;
dispersing misted-mind
into sparkling vision
in mystifying
self-transformation.

I am an entrancer
and under my spell the poets see their kin
converse with them,
and speak in tongues strange,
foreign, but familiar:

echoing in the voices of
Calliope, Euterpe,
Circe, Cassandra,
Sappho, Homer,
the Delphic priestess;
Arthur, Merlin,
Taliesin, Gwerful,
the Brahan Seer,
Màiri, Sìleas; and so many
other worthy bardesses
unacknowledged, denied,
silenced
by convention.

Ged is fradharc mi
chan fhaicear mi.

Shaoileadh tu gam fhaicinn
an samhla faolchoin, leòmhainn,
seabhaig, cait,
oidhche, là,
mnà – seo uile mi, oir
mise an Sphincs,
a' labhairt ann an tòimhseachan.

Mise an deoch a bhuilicheas
lèirsinn uile-chùiseach fad-ruigheach,
a thàlas taibhsean le ob is ortha,
's a thaisbeanas taobh eile
dhut nad aisling;
ag innse dailgneachd
am briathran beul nam bàrd
o chian nan cian is gu sìorraidh buan.

Bheir mi dhut aiteal
dhen thall-thairis, dhed
dhùrachd – is so-dhèantachd.
Manadh agus fàth mi,
fann-sholas ro-gheàrr
air na dh'fhaodadh teachd;
ach a' teicheadh às fhianais
gad fhàgail
an rùine na bàrdachd,
an smùid, sgleò, ceò.

Ged is fradharc mi……

I am vision, yet
am myself unseen.

You may imagine you see me
in the form of a falcon, a lion,
an eagle, a cat,
night, day,
woman – I am all of these,
for I am the Sphinx
speaking in riddles.

I am the potion that bestows
all-encompassing, far-reaching vision
luring ghosts with charms and incantations,
revealing another side
to you in your dreams;
speaking prophecies
from the mouth of bards
past and for all time to come.

I grant you a glimpse
of the beyond – your wishes
and your impossibilities.
I am a premonition,
a spectre of your purpose,
an all-too-brief flash
of what might be;
but then I vanish from sight
leaving you in poetry's intimation,
in smoke, haze, mist.

I am vision, yet……

50 Ortha Crann nan Teud[30]

A Shoirbheis, tog
am fiùran-fhonn
is sèid, a ghaoith
tro mheur nan crann.

Osann nam faillean –
èist ri am fuinn –
anail nan duilleag
fo sgèith na h-oidhch'.

Blàth air meangan
na maidne air chrith,
a' tàladh phuingean
gu òrain nan linn.

A' chlàrsach as binne,
's e guth na craoibh;
nach cluicheamaid air
ar sgeulachd-gaoil?

Tro theudan gleusta
shèid osaig nan rann
is sèist nan geugan,
crònan nan crann.

---

30 Ath-fhoillseachadh, leis an fhonn ùr sa Leas-phàipear/ Reprinted, with new tune in the Appendix.

50   Incantation of the Harp-Strings-Tree

Fair Wind, carry
the saplings' tune,
and whistle, wind,
through the trees' branch-fingers.

The sighing of the twigs –
hear their melodies –
and the leaves' breathing
under night's sheltering wing.

Blossom on branches
in the morning, fluttering,
lulling and luring musical notes
into the songs of generations.

The most sweetly-tuned clàrsach
is the voice of the tree:
may we not play on it
our story of love?

Through well-tuned strings
the verse-breeze will blow
and the branches' chorus,
the murmuring of the trees.

'S e cruit na coille -
na ceòlraidh brìgh;
is ceòl na cruinne
ar seirm is sìth.

The forest-harp it is –
the muses' very meaning;
and the music of the spheres
is our harmony and peace.

51 Na Fir-Chlis[31]

Bha mise sa Chnoc-Sìth' o chunnaic mi thu 'n-dè
'S tha aithris neo-àbhaist' ri cur ann an sgeul
Mu na h-ainglean mallaichte, mur b' e gràs Dhè;
Na Fir-Chlis, na loisgich, a theab tuiteam on speur.

Chaidh teine san àil', a' lasadh gu geur
Le dealanach, sradagan, losgadh is leus.
Dhòirt na Fir-Chlis fuil theth às gach fèith,
'S nochd am manadh air olc: crotal-ruadh air na slèibh.

Chìthear mar mhallachd aig èirigh na grèin'
Fuil nan sàr-mhillidh, is fianais an creuchd:
Ach bheir blàr nan clis-threun ùr-fhadadh is dèin'
Do bhàrdachd nam filidh air sgrìobhadh fo 'n seun.

Ach is mairg do dhream le dà-shealladh mar gheas
Oir cluinnear gu sìorraidh mac-talla is èigh
Nam Fir-Chlis, leth-uilc, a' milleadh 's an cleas
'S cha tig a chaoidh iochd orr', le cuireadh bhon eug.

---

31 Ath-fhoillseachadh, leis an fonn ùr sa Leas-phàipear/Reprinted, with new tune in the Appendix

51 The Northern Lights

I have been at the fairy-knoll since we met yesterday
And of that I have a strange tale to relate
Of the angels who, had God not had mercy, were damned;
The Nimble Ones, fiery ones, who almost fell from the skies.

There was fire in the air, blazing fiercely,
Lightning bolts, sparks, flaming and flickering.
The Nimble Ones spilled hot blood from every vein,
And their presage of evil appeared; crimson lichen on the hillsides.

At sunrise you may witness this, like a curse,
The blood of the arch-warriors, proof of their wounds:
But the battle of the nimble fighters rekindles and intensifies
The bards' poetry, composed under their spell.

Yet woe betide those born with the sorcery of second-sight,
For they will for ever hear the echoes and cries
Of the Nimble Ones, the half-evil ones, playfully despoiling,
Who will never receive clemency, in the form of death's call.

Leas-Phàipear:
Ceòl-Sgrìobhte nan Òran – Annex: Score Music for the Songs

Dàn	Tiotal Gàidhlig	English Title	Duilleag/ Page No.
26	Dàn Tiotal an Leabhair – An Seachdamh Tonn	Title Piece – The Seventh Wave	188
1	Cumha a' Chrùin Chiomaich	Lament of the Captive Crown	190
4	Tàladh Uibhist	Uist's Call	192
5	Do MhacDhòmhnaill: Cianalas an Eilthirich	To Macdonald: The Emigrant's Longing	194
6	Ur Tabhartas Mòr[32]	Your Great Gift	
15	Stic Finealta	A Fine Stitch	199
17	Caismeachd Dìteadh Brexit	The Brexit Condemnation March	201
24	Bàs Herakleitos	The Death of Herakleitos	202
25	Dàibhidh na Creige Gile[33]	David of the White Rock	
33	Rabhadh: Nuair Bhios mi Sean	Warning: When I am Old	204
40	Saor-snàmh	Wild Swimming	205
45	Suirghe an Uilebhèist	The Monster's Courtship	206
47	An Nighean à Copacobana (Òran a' Chapybara)[34]	The Girl from Copacobana (Capybara's Song)	
48	Cruit-Cuimhneachaidh	Harp of Commemoration	208
50	Ortha Crann nan Teud	Incantation of the Harp-Strings Tree	211
51	Na Fir-Chlis	The Northern Lights	212

---

32 Air fonn/to the melody 'Chaidh a' chuibhle mun chuairt', le/by Ruairidh Mac Mhuirich (An Clàrsair Dall)
33 Air fonn/to the melody 'Dafydd y Carreg Wen', le/by Dafydd Owen
34 Air fonn/to the melody 'The Girl from Ipanema', le/by Antônio Carlos Jobim

26. Dàn Tiotal an Leabhair – An Seachdamh Tonn
Title Piece – The Seventh Wave

Bàrdachd/ Poetry:
Sandaidh NicDhòmhnaill Jones

Fonn agus Co-sheirm/ Melody and Arrangement:
Sandaidh NicDhòmhnaill Jones

Copyright © SNDJ 2021

1. Cumha a' Chrùin Chiomaich – Lament of the Captive Crown

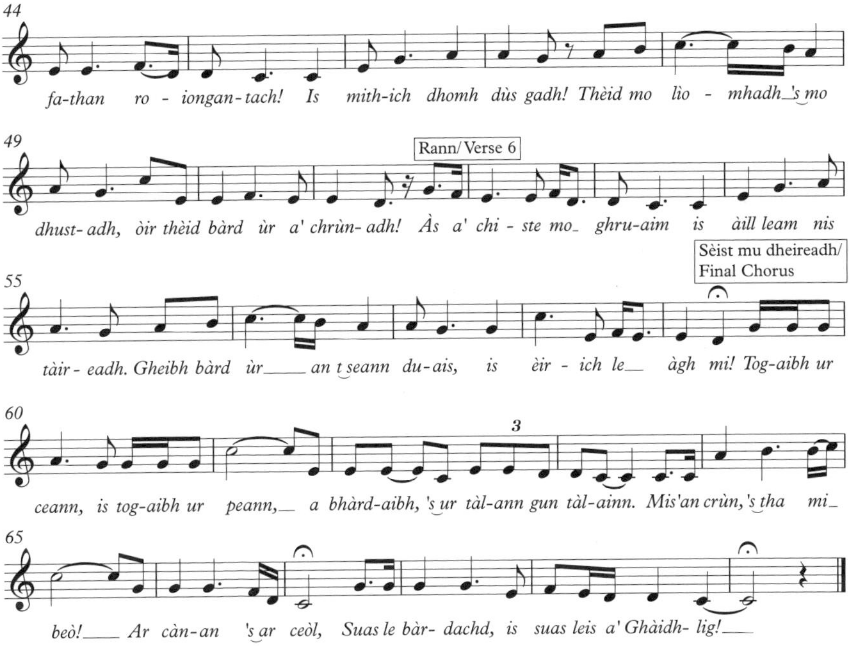
44
fa-than ro - iongan-tach! Is mith-ich dhomh dùs gadh! Thèid mo lìo - mhadh_'s mo
49
Rann/ Verse 6
dhust- adh, òir thèid bàrd ùr a' chrùn- adh! Às a' chi - ste mo_ ghru-aim is àill leam nis
Sèist mu dheireadh/
Final Chorus
55
tàir - eadh. Gheibh bàrd ùr___ an t seann du- ais, is èir - ich le__ àgh mi! Tog-aibh ur
60
3
ceann, is tog-aibh ur peann,__ a bhàrd-aibh, 's ur tàl-ann gun tàl-ainn. Mis'an crùn, 's tha mi_
65
beò!___ Ar càn-an 's ar ceòl, Suas le bàr- dachd, is suas leis a' Ghàidh- lig!___

4. Tàladh Uibhist – Uist's Call

Bàrdachd/ Poetry:
Sandaidh NicDhòmhnaill Jones

Fonn agus Co-sheirm/ Melody and Arrangement:
Sandaidh NicDhòmhnaill Jones

Copyright SNDJ 2021

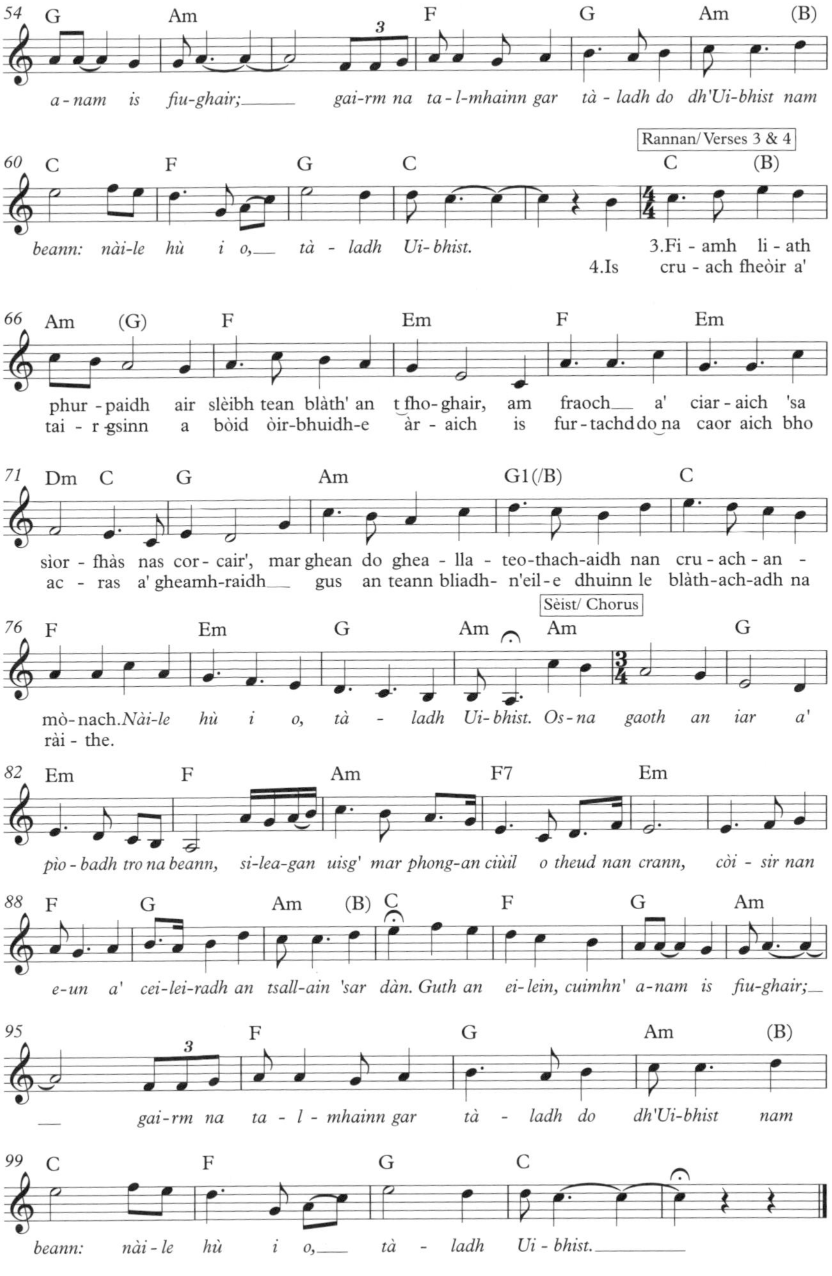
54 G Am F G Am (B)
a-nam is fiu-ghair; gai-rm na ta-l-mhainn gar tà - ladh do dh'Ui-bhist nam
Rannan/ Verses 3 & 4
60 C F G C C (B)
beann: nài-le hù i o, tà - ladh Ui-bhist. 3.Fi - amh li - ath
4.Is cru - ach fheòir a'
66 Am (G) F Em F Em
phur - paidh air slèibh tean blàth' an t fho-ghair, am fraoch a' ciar - aich 'sa
tai - r gsinn a bòid òir-bhuidh-e àr - aich is fur - tachd do na caor aich bho
71 Dm C G Am G1(/B) C
sìor - fhàs nas cor - cair', mar ghean do ghea - lla - teo-thach-aidh nan cru - ach - an -
ac - ras a' gheamh-raidh gus an teann bliadh- n'eil-e dhuinn le blàth-ach-adh na
Sèist/ Chorus
76 F Em G Am Am G
mò-nach. Nài-le hù i o, tà - ladh Ui- bhist. Os-na gaoth an iar a'
rài - the.
82 Em F Am F7 Em
pìo - badh tro na beann, si-lea-gan uisg' mar phong-an ciùil o theud nan crann, còi - sir nan
88 F G Am (B) C F G Am
e-un a' cei-lei-radh an tsall-ain 'sar dàn. Guth an ei-lein, cuimhn' a-nam is fiu-ghair;
95 F G Am (B)
gai-rm na ta - l - mhainn gar tà - ladh do dh'Ui-bhist nam
99 C F G C
beann: nài - le hù i o, tà - ladh Ui - bhist.

5. Do MhacDhòmhnaill: Cianalas an Eilthirich –
To Macdonald: The Emigrant's Longing

Bàrdachd/ Poetry: Sandaidh NicDhòmhnaill Jones

Fonn/ Melody: Claire Christie
Co-sheirm/ Arrangement: Claire & Sandaidh

Copyright SNDJ & CC © 2021

15. Stic Finealta – A Fine Stitch

Bàrdachd/ Poetry: Sandaidh NicDhòmhnaill Jones
Ceòl/ Music: Frances M Lynch

Copyright © SNDJ & FML May 2021

17. Caismeachd Dìteadh Brexit – The Brexit Condemnation March

Bàrdachd/ Poetry: Sandaidh NicDhòmhnaill Jones   Fonn/ Melody: Sandaidh NicDhòmhnaill Jones

Rannan 2 & 3 air an dearbh fhonn mar Rann 1, agus an t-Sèist a-rithist as dèidh gach Rainn.

Copyright SNDJ 2021

24. Bàs Herakleitos – The Death of Herakleitos

Bàrdachd/ Poetry: Sandaidh NicDhòmhnaill Jones
Eadar-theangachadh bàrdachd ghreugais le Kallimachos/
Translation of Greek elegy by Callimachos

Fonn agus Co-sheirm/ Melody and Arranngement:
Sandaidh NicDhòmhnaill Jones

Copyright © SNDJ 2021

33. Rabhadh: Nuair Bhios mi Sean – Warning: When I am Old

Bàrdachd/ Poetry: Sandaidh NicDhòmhnaill Jones

Fonn agus Co-sheirm/ Melody and Arrangement: Sandaidh NicDhòmhnaill Jones

Copyright © SNDJ 2021

40. Saor-snàmh – Wild Swimming

Bàrdachd/ Poetry - Sandaidh NicDhòmhnaill Jones

Fonn/ Melody - Katy Lethbridge

© SNDJ & KL 2021

45. Suirghe an Uilebhèist – The Monster's Courtship

Bàrdachd/ Poetry:
Sandaidh NicDhòmhnaill Jones

Fonn/ Melody:
Sandaidh NicDhòmhnaill Jones

Copyright SNDJ 2021

48. Cruit-Cuimhneachaidh – Harp of Commemoration

Bàrdachd/ Poetry: Sandaidh NicDhòmhnaill Jones

Ceòl/ Music: Frances M Lynch

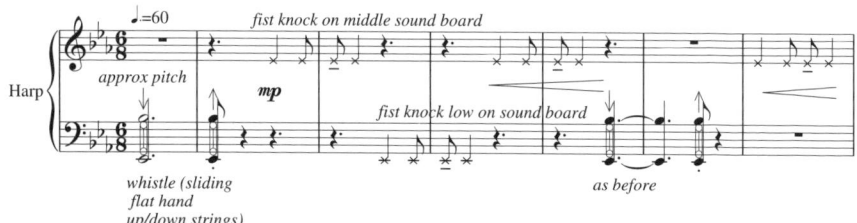

Copyright © SNDJ & FML May 2021

50. Ortha Crann nan Teud – Incantation of the Harp-Strings Tree

Bàrdachd/ Poetry:
Sandaidh NicDhòmhnaill Jones

Fonn agus Co-sheirm/ Melody and Arrangement:
Mìcheal Hill

Liberamente, con molto rubato e legato
♩ = 76

Verse 1: A Shoir-bheis, tog am fiù-ran fhonn is sèid a ghaoith tro mheunan crann.

Verse 2: Os-ann nam fai-llean, èist ri am fuinn an-ail nan dui-lleag fo sgèith na h oidhch'.

Verse 3: Blàth air mean-gan na maid-ne air chrith, a' tà-ladh phuing ean gu òr-ainn nan linn.

Verse 4: A' chlàr-sach as binn-e, 's e guth na craoibh; nach clui-chea-maid air ar sgeu-lachd gaoil?

Verse 5: Tro theu-dan gleu-sta shèid o-saig nan rann is sèist nan geu-gan crò-nan nan crann.

Verse 6: 'S e cruit na coi-lle, na ceòl-raidh brìgh; is ceòl na crui-nne ar seirm is sìth.

Copyright © SNDJ & MH 2021

51. Na Fir-Chlis – The Northern Lights

Bàrdachd/ Poetry:
Sandaidh NicDhòmhnaill Jones

Fonn agus Co-sheirm/ Melody and Arrangement:
Sandaidh NicDhòmhnaill Jones

Bha mise sa Chnoc-Sìth o chunnaic mi thu'n dè sa aithris neo àbhaist ri cur ann an sgeul mu na h-ainglean mallaichte, mur b'e gràs Dhè; Na Fir-Chlis, na loisgich, a theab tuiteam on speur. Chaidh teine san àil' a lasadh gu geur le dealanach, sradagan, losgadh is leus. Dhòirt na Fir-Chlis fuil theth às gach fèith, 's nochd am manadh air olc: Crotal Ruadh air na slèibh. Chìthear mar mhallachd aig èirigh na grèin' fuil nan sàr-mhilidh, is fianais an creuchd: ach bheir blàr nan clis-threun ùr-fhadadh is dèin' do bhàrdachd nam filidh air sgriobhadh fon seun. Ach is mairg do dhream le dà-shealladh mar gheas, òir cluinnear gu sìorraidh mac-talla is èigh nam Fir-Chlis, leth-uilc, a' milleadh san cleas, 'scha tig a-chaoidh iochd orr', le cuireadh bhon eug.

Copyright SNDJ 2021